Dr. med. Elisabeth Raith-Paula

Was ist los in meinem Körper?
Alles über Zyklus, Tage, Fruchtbarkeit

völlig überarbeitete Neuausgabe

Pattloch*

Widmung

Dieses Buch ist meiner Tochter Marion und allen Mädchen gewidmet, die ich auf dem Weg vom Mädchen zur Frau begleiten darf.

Dank

Viele haben mich unterstützt, dass dieses Buch Wirklichkeit werden konnte. Ihnen/euch allen herzlichen Dank. Mein ganz besonderer Dank gilt meinem lieben Mann und meinen beiden wunderbaren Kindern für ihre Toleranz, Geduld und liebevolle Nachsicht. Besonders danken möchte ich Herrn OA Dr. S. Baur für seine kritischen und konstruktiven Verbesserungsvorschläge sowie Prof. Dr. Hilpert für seinen engagierten Kommentar zu den letzten beiden Kapiteln. Kirsten Danelzik, Angelika Schmitt und Claudia Schrank, vielen Dank für die freundschaftliche Unterstützung.

Die Autorin:

Dr. med. Elisabeth Raith-Paula, verheiratet, zwei Kinder (Mädchen und Junge), ist Urheberin und Leiterin des MFM-Programms, das mit Workshops und Vorträgen Mädchen, Jungen und ihre Eltern positiv in die Pubertät begleitet. Sie ist Vorstandsvorsitzende des Vereins: MFM Deutschland e.V.

Bildnachweis

Umschlag: corbis / Julian Winslow
Fotos: corbis / KidStock, Blend Images S. 9; Dynamic Graphics S. 83; F1 online / I love Images S. 10 / Dr. Anna Flynn, Birmingham S. 75; FOCUS / Bromhall / Science Photo Library S. 37; getty images / Altrendo RR S.46 / Monneret S. 40 / Photographer's Choice / Pando Hall S.89 / Taxi / Matheisl S. 17; Johnson & Johnson GmbH S. 69; Dr. Manfred Kage Mikrofotografie S. 34; mauritius images / 81 a S. 11 u. / age S. 30 u. / Fiona Fergusson S. 70 / Photo Researchers S. 15, S. 26 o. / Profimedia S. 106 / PYMCA S. 67 / Marina Raith S. 91 / Ripp S. 59 / Klaus Scholz S. 49 / Christine Steimer S. 87 / Stock Image S. 24 / Uwe Umstätter S. 58 / Photo Alto S. 129 / Fotoagentur Westend61 S. 27 / Robert Harding S. 26 u. / cultura S. 54 / Cultura S. 63 / Photo Alto S. 114 / P. Widmann S. 101 / PhotoNewZealand S. 74; medicalpicture / Institut Kage S. 19; Raith-Paula S. 11 re. o., S. 35, S. 39, S. 42, Pärchenbild im Kap. 11, Grafik Menstruationsbeschwerden S. 66 nach Zahradnik, Dysmenorrhoe bei Jugendlichen; Superbild / BSIP S. 29
Bibliografische Information: Deutsche Nationalbibliothek
Die Deutsche Nationalbibliothek verzeichnet diese Publikation in der Deutschen Nationalbibliografie; detaillierte bibliografische Daten sind im Internet über http://dnb.d-nb.de abrufbar.

FSC
www.fsc.org
MIX
Papier aus verantwortungsvollen Quellen
FSC® C004592

Es ist nicht gestattet, Abbildungen dieses Buches zu scannen, in PCs oder auf CDs zu speichern oder in PCs/Computern zu verändern oder einzeln oder zusammen mit anderen Bildvorlagen zu manipulieren, es sei denn mit schriftlicher Genehmigung des Verlages.
© 2008 Pattloch Verlag – Ein Imprint der Verlagsgruppe Droemer Knaur GmbH & Co. KG, München
Illustrationen: Yo Rühmer, Frankfurt/Main
Bildredaktion: Gabie Schnitzlein
Umschlaggestaltung: Daniela Meyer
Satz und Layout: Elke Bahlmann; Daniela Schulz
Lektorat: Michaela Schachner
Reproduktion: Repro Ludwig, A-Zell am See
Druck und Bindung: Appl, Wemding
Printed in Germany
13 12 11 10
ISBN 978-3-629-01431-3
www.pattloch.de

Inhaltsverzeichnis

Einleitung

1 Geheime Signale **8**

Das „Drei-Ecken-Spiel" – schwierige Fragen 8

Bist du heute fruchtbar? 9

Woran denkst du beim Wort „Fruchtbarkeit"? 10

2 Die Gleichung des Lebens – Spermie + Eizelle = Baby **12**

Die Spermien – 1000 in der Sekunde! 12

Die Eizelle – selten und kostbar 15

Vorbereitungen für einen großen Gast 16

Auf der Bühne des Lebens 17

3 Die Gleichung des Lebens – wie ein neuer Mensch entsteht **21**

Die abenteuerliche Reise der Spermien 21

„The winner is" – die Befruchtung 26

Auf das Timing kommt es an – fruchtbar oder unfruchtbar? 31

4 Bühne frei für die Zyklusshow **33**

Die Chefinnen führen Regie – das Gehirn steuert die Hormone 33

Der erste Akt der Zyklusshow – die Östrogene gehen ans Werk 34

Der zweite Akt der Zyklusshow – das Servicecenter wird aktiv 38

Das große und das kleine Finale 42

5 Die Pubertät und die Premiere der Zyklusshow **46**

Die Abteilung Zyklusshow wird eröffnet – die Pubertät beginnt 46

Östrogene verwandeln ein Mädchen zur Frau 47

Veränderungen auf der Bühne des Lebens 50

Die Premiere – deine erste Blutung, die Menarche 52

6 Das kleine Finale – MEINE Tage **58**

Blut ist „Lebenssaft" 59

Was sich wirklich im Körper abspielt 61

Anders als sonst 63

Damit deine Tage „gute Tage" werden 66

Binden oder Tampons – alles, was dir guttut 68

7 Dem Geheimcode auf der Spur 71

Körperzeichen beobachten 71

*Körpercode Zervixschleim: „Ausfluss"
oder „Zaubertrank"?* 73

*Körpercode Temperaturanstieg:
Das Progesteron-Team heizt ein* 78

*Körpercode Muttermund:
das Tor zum Leben* 82

*Körpercode Mittelschmerz: Glück tut
manchmal weh* 85

*Körpercode Eisprungsblutung: ein wenig Blut
rund um den Eisprung* 86

*Körpercode Brustsymptom:
Das Progesteron-Team im Übereifer* 87

*Noch mehr Körpercodes –
ganz individuell* 88

8 Zykluslänge – Zyklusschwankung – Wann bin ich fruchtbar? 91

Was heißt hier regelmäßig? 91

*Der erste Akt variabel,
der zweite konstant* 94

Wann kann ich schwanger werden? 95

9 Die Zyklusshow im Härtetest – Verschiedene Zyklusformen und ihre Ursachen 100

*Stressvariante A:
verzögerte Eireifung* 102

*Stressvariante B:
Zyklus ohne Eisprung* 103

*Stressvariante C:
verkürzte Gelbkörperphase* 105

*Stressvariante D:
keine Blutung mehr* 106

10 Wirkung verschiedener Verhütungsmethoden im Körper der Frau 109

*Die Gleichung des Lebens gilt
nicht mehr* 110

*Die Pille –
Folgen für die Zyklusshow* 111

*Verhütungsmethoden ohne Östrogen-
ersatzstoffe – reine Gestagene* 121

Die Kupferspirale 125

Die „Pille danach" 128

11 Das richtige Timing wählen

Ein Begleitbuch – vom Mädchen zur Frau

Dieses Buch möchte dich in den aufregenden Jahren, in denen du vom Mädchen zur Frau wirst, begleiten.

Zu Beginn, in den ersten Kapiteln, erfährst du mehr über die Veränderungen deines Körpers. Wie ist das, wenn man zum ersten Mal „seine Tage bekommt"? Was sagt dir dein Körper damit? Wie lernst du seine Signale besser verstehen? Wie kannst du dich mit deinem Körper anfreunden?

Vielleicht seid ihr euch im Augenblick ziemlich fremd, könnt noch nicht viel miteinander anfangen, und du willst gar nicht, dass er sich verändert. Dieses Buch hilft dir bei der Entschlüsselung der geheimen Zeichen deines Körpers. Es möchte dir zeigen, wie stolz du darauf sein kannst, eine Frau zu werden.

Wenn es dir einmal nicht so gut geht, wenn du Stress hast und meinst, mit deinem Körper und deinem Zyklus sei etwas nicht in Ordnung, dann werden die nächsten Kapitel des Buchs für dich interessant. Sie können dir erklären, welchen Einflüssen der weibliche Zyklus ausgesetzt ist.

Wenn du dich später einmal mit Fragen zu Fruchtbarkeit und Empfängnisverhütung beschäftigst und dazu viele Infos sammelst von Freundinnen, aus dem Internet, aus Broschüren und vom Frauenarzt, dann ist es Zeit, dieses Buch wieder hervorzuholen: Die letzten Abschnitte beschreiben dir, wann eine Frau fruchtbar ist und wann sie schwanger werden kann, wie die verschiedenen Verhütungsmethoden im Körper der Frau wirklich wirken und welche Möglichkeiten es gibt, im Einklang mit seinem Körper zu leben. So wird es dir immer gelingen, eine Entscheidung zu treffen, die dir guttut.

Denn du weißt, was los ist in deinem Körper!

1 Geheime Signale

Das „Drei-Ecken-Spiel" – schwierige Fragen

Stell dir vor, du stehst in einem leeren Raum. Man stellt dir ein paar Fragen, statt einer Antwort gehst du in eine bestimmte Ecke.

Es gibt dort eine „Ja-", eine „Nein-" und eine „Ich-weiß-nicht-Ecke". Es geht los.

Die erste Frage lautet: „Hast du gerade Hunger?"

„Was soll diese läppische Frage?", denkst du, „vorhin gut gefrühstückt, nein, keinen Hunger." Du stellst dich in die „Nein-Ecke". Wie würdest du denn merken, dass du hungrig bist? Klar, der Magen knurrt, ein dumpfes Gefühl, das einen zum Kühlschrank treibt.

Die nächste Frage: „Hast du jetzt gerade Durst?"

„Oh ja", denkst du und gehst in die „Ja-Ecke", denn durstig bist du immer. Wo hat man dir das beigebracht, zu wissen, wann du Durst hast? Im Kindergarten, in der Schule? Zugegeben, das braucht man natürlich nicht zu lernen: Der Mund ist trocken, die Zunge klebt am Gaumen, ganz einfach. Selbst Babys wissen das von Anfang an.

Die nächste Frage. „Schwärmst du für einen Popstar?"

„Klar, da gibt es einen ganz bestimmten!", denkst du.

Dann stehst du jetzt in der „Ja-Ecke". Was würde passieren, wenn jetzt die Tür aufginge, und *er* käme herein, *dein* Star käme auf dich zu und… Was ginge in dir vor?

„Oh Gott", sagst du, „allein beim Gedanken daran kriege ich Gänsehaut, Schmetterlinge im Bauch, feuchte Hände, weiche Knie und Herzrasen."

Der Traum wird dir hier leider nicht erfüllt, aber merkst du, wie dein Körper reagiert? Allein schon bei der Vorstellung? Seine Botschaften sind eindeutig: Hunger, Durst, Aufregung, Nervosität. Aber noch bist du

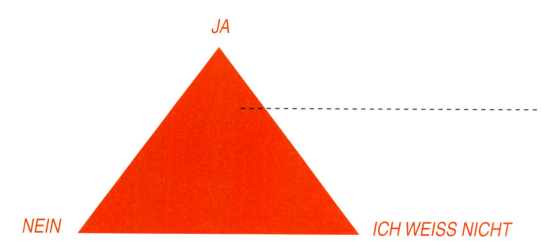

nicht fertig. Noch einmal zurück auf den Boden der Wirklichkeit, zum ganz banalen Alltag und zur vorletzten Frage:

„Musst du gerade mal?" Du hast richtig verstanden: „Musst du gerade mal auf die Toilette?"

Du gehst sofort in die „Ja-Ecke". Stimmt, du musst jetzt.

Aber halt, sag zuerst, woran du das merkst. „Wieder so 'ne doofe Frage, ist doch klar, die Blase drückt ganz fürchterlich." Seltsam, da weiß man plötzlich ganz genau, wo im Körper sich die Blase befindet, ganz ohne medizinische Kenntnisse. Warum? Weil sie ein Signal aussendet, bei dem jeder versteht: Jetzt „muss ich mal".

Bist du heute fruchtbar?

Nun die letzte Frage: „Bist du heute, jetzt gerade, in diesem Augenblick fruchtbar?"

„Wie bitte, was soll denn das? Wie soll ich das wissen? Was heißt das überhaupt: *fruchtbar*? Ob ich heute schwanger werden könnte? Kinder kriegen? Eine merkwürdige Frage ist das. Kann man das wissen?"

Du stellst dich in die „Ich-weiß-nicht-Ecke", zum ersten Mal, dabei waren die anderen Fragen doch ganz leicht zu beantworten.

Dabei sendet der Körper, ähnlich wie bei Hunger oder Durst, deutliche Signale aus, die mitteilen: „Heute bin ich fruchtbar", oder „Heute bin ich unfruchtbar!"

Bist du heute fruchtbar?

Es gibt viele Botschaften deines Körpers. Sie haben mit dir als Frau zu tun und mit den Veränderungen, die jeden Monat aufs Neue in dir vorgehen. Diese Signale können dir eine ganze Menge über dich selbst mitteilen. Wenn du sie richtig entschlüsseln kannst, erkennst du, was gerade in deinem Körper abläuft.

Seltsam ist nur, dass diese Signale meistens gar nicht bemerkt werden. Und wenn wir es doch tun und etwas spüren, wissen wir nicht, was es zu bedeuten hat. Deshalb kann es passieren, dass wir die Zeichen, mit denen unser Körper mitteilt: „Alles in bester Ordnung!" völlig missverstehen.

Höchste Zeit, den Geheimcode unseres Körpers neu und richtig zu entschlüsseln – eine spannende Sache!

Woran denkst du beim Wort „Fruchtbarkeit"?

Mit diesem altmodischen Wort verbinden viele das Wort „Kindersegen". Manche stellen sich auch eine schwangere Frau mit einem dicken Bauch vor, eine Geburt, kleine Babys.

Wieder anderen fällt dazu vielleicht das Erntedankfest ein, die Früchte des Feldes oder die Göttin der Fruchtbarkeit, die dafür sorgt, dass das Leben auf Erden immer weitergeht, Generation um Generation. So wie in der Bibel steht: „Seid fruchtbar und vermehrt Euch."

Befragt man Statistiker, dann sagen sie, dass Fruchtbarkeit heutzutage die absolute Ausnahme sei. Im Gegensatz zu früher, als es keine Seltenheit war, dass Frauen zehn Kinder und mehr zur Welt brachten, passiert das in der Gegenwart durchschnittlich nur noch weniger als zweimal im Leben einer Frau. In all den übrigen Jahren ist Fruchtbarkeit kein Thema.

Bei dem Wort „Fruchtbarkeit" stellt man sich eine schwangere Frau vor.

Oder doch?

Hattest du schon zum ersten Mal deine Tage? Hat man dir erzählt, dass du nun eine richtige Frau bist und Kinder bekommen kannst? Das ist für dich im Moment sicher nicht von Bedeutung. Vielleicht denkst du dir, es wäre äußerst praktisch, sich diese „Fruchtbarkeit" dann, später einmal, einfach „herunterladen" zu können. Ein Klick mit der Maus, schon bin ich fruchtbar! Dann aber wieder ganz schnell weg damit, wenn das Baby da ist.

Das geht nicht. In der Pubertät entwickelt sich im weiblichen Körper die Fähigkeit, „fruchtbar" zu sein, neues Leben zu schenken. Ein echtes Wunder! Diese großartige Fähigkeit gehört zum Frausein, sie gehört zum Leben wie das Atmen, Gehen, Denken und Lieben. Sie begleitet dich etwa 35 bis 40 Jahre lang, ganz unabhängig davon, ob du jemals ein Kind bekommst oder nicht.

Manche Frauen empfinden diese Fähigkeit als Belastung, anderen Frauen, die sich vergeblich ein Kind wünschen, bedeutet Fruchtbarkeit ein großes, unerreichbares Glück. Vieles, was sich in der Pubertät in deinem Körper

Fruchtbarkeit gehört zum Leben einer Frau wie Atmen, Gehen, Denken und Lieben.

verändert, dass beispielsweise deine Brust wächst, dass du ab der Pubertät immer wieder deine Tage bekommst, hat letztlich mit dieser Gabe zu tun.

2 Die Gleichung des Lebens
Spermie + Eizelle = Baby

Nicht einmal mehr Großmütter erzählen heute, dass die kleinen Babys vom Storch gebracht werden. Alle wissen, dass ein Kind entsteht, wenn die Spermien eines Mannes mit der Eizelle einer Frau verschmilzt. Spermienzelle + Eizelle = Baby. Eine einfache Rechnung, besser gesagt, eine Gleichung. Die wichtigste Gleichung, die es im Leben gibt, denn ohne sie würden wir nicht existieren – **die Gleichung des Lebens!**

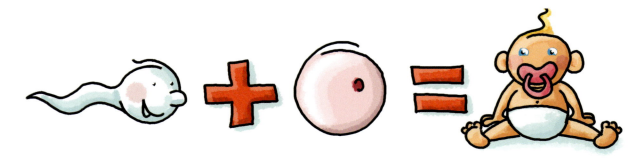

Die Spermien – 1000 in der Sekunde!

Hast du einen kleinen Bruder oder einen Cousin, einen, der noch nicht laufen kann? Was glaubst du, ob er schon Spermien in seinen beiden winzigen Hoden hat? Nein, hat er nicht. Die Spermien werden beim Jungen erst gebildet, wenn er in die Pubertät kommt.

Es gibt viele beeindruckende Produktionsanlagen im menschlichen Körper, aber eine der erstaunlichsten sind wohl die männlichen Hoden, denn in ihnen entstehen unendlich viele Spermienzellen. Eine Ahnung davon bekommst du, wenn du dir vorstellst, wie viele Spermien ein Mann in einer einzigen Sekunde bildet. Es sind *tausend* in *einer* Sekunde – wirklich unglaublich! Und aus wie vielen Spermien bist du entstanden? Aus einer einzigen!

Dabei wird an einem Spermium drei Monate lang gearbeitet. Die Fertigungszone setzt sich aus den Samenkanälchen zusammen, die im Hoden fächerartig angeordnet sind, damit eine möglichst große Produktionsfläche entsteht. Die Gesamtlänge aller Samenkanälchen beträgt mehrere Hundert Meter.

+ + + Aktuelles aus dem Hoden + + +

Guten Tag, meine Damen und Herren, es folgen die Nachrichten des Tages:

Massenansammlung auf dem Hodengelände.

Wie uns aus offiziellen Kreisen bestätigt wurde, haben die Androgene, so nennen sich die männlichen Geschlechtshormone, unter ihrem Anführer Testosteron im Hoden eine Massenansammlung organisiert.

Diese Ansammlung wird im Untergrund auch Samenbildung genannt. Die einzelnen Mitglieder, die Spermienzellen, werden zur Ausbildung in den Nebenhoden geschleust. Dort erhalten sie ihren letzten Schliff.

Aus dem Nebenhoden spricht unser Korrespondent:

Ich befinde mich hier im Nebenhoden, dem sogenannten Samenspeicher. Hier herrscht bereits nervöse Unruhe. Viele haben ihre Ausbildung beendet und warten nun schon seit Tagen auf ihren Einsatz.

Das Klima ist sehr angenehm, etwa zwei Grad niedriger als an allen übrigen Orten des Körpers. Manchen geht allerdings das Gedränge hier auf die Nerven.

Wie wir soeben erfahren, haben sich nun unzählige Spermien vom Samenspeicher aus in Bewegung gesetzt. Unterwegs erhalten sie von den beiden Samenbläschen ein Aufputschmittel und von der Prostata einen großen Flüssigkeitsvorrat, um auch den letzten Teil des Aufstands zu überstehen.

Was passiert jetzt? Hier überschlagen sich die Ereignisse: Alle drängen, um als Erste durchzukommen, durch die Harnröhre, durch den Penis.

Ein Sturm bricht los, der Samenerguss. Was dieser Aufstand noch bewirken wird, meine Damen und Herren, darüber werden wir Sie in den nächsten Sendungen weiter informieren!

Das Spermium – klein, aber oho!

Die Spermien werden auch männliche Keimzellen genannt. Wenn du dir vorstellen willst, wie groß ein Spermium ist, dann nimm einen Millimeter, schneide ihn mit einem Messer in 100 Teile und setze dann wieder fünf Teile zusammen: So groß ist eine Spermienzelle. Man kann sie nur unter dem Mikroskop wirklich sehen.

Ein Spermium besteht aus drei Teilen: einem Kopf, einem Mittelstück und einem Schwanz. Im Kopf ist der Zellkern mit den Erbinformationen, den Chromosomen. Dort liegt der halbe „Bauplan" für einen neuen Menschen bereit. Auf dem Kopf sitzt das Akrosom, eine Art Mütze aus Enzymen, die dem Spermium hilft, die Hülle der Eizelle zu durchdringen. Im Mittelstück befinden sich die Mitochondrien. Sie sind der Motor für den Schwanz, der die Spermienzellen beweglich macht.

kann ein Mann seinen Teil dazu beitragen, dass ein Kind entsteht. 365 Tage lang, rund um die Uhr, rein theoretisch natürlich. Mit der Bereitstellung der Spermien ist der Teil der Gleichung, der Aufgabe des Mannes ist, fürs Erste erledigt.

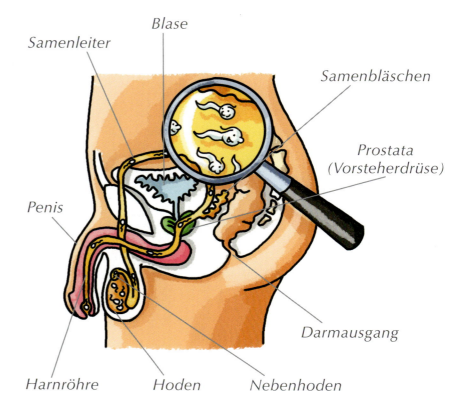

Von der Pubertät bis ins Greisenalter – allzeit bereit?

Was glaubst du: Ist die folgende Zeitungsnotiz wahr, oder hat sich da jemand einen Scherz erlaubt? So etwas kann tatsächlich vorkommen. Der Mann ist normalerweise immer zeugungsfähig, immer „fruchtbar" sozusagen. Vom ersten Samenerguss, den ein Junge mit durchschnittlich 14 Jahren bekommt, bis zum allerletzten (wann immer das auch sein mag)

105-jähriger Mann wurde Vater eines gesunden Mädchens. möglich, in diesem hohen Alter ein Kind zu zeugen. Erst durch eine Vateschaftsuntersuchung konnte er schließlich seine Vaterschaft nachweisen. Er hatte jedoch Schwierigkeiten, als er sein neugeborenes Kind bei den Behörden anmelden wollte. Die Standesbeamten hielten es für un-

Die Eizelle – selten und kostbar

Bei einer Frau sieht die Sache mit der Fruchtbarkeit ganz anders aus: Die Zelle, die dein Körper dir zur Verfügung stellt, damit ein neuer Mensch entsteht, ist eine echte Rarität.

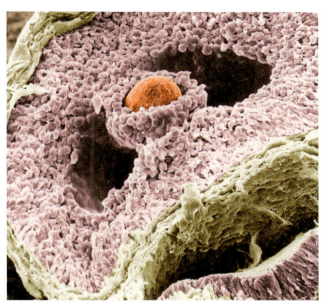

Hier siehst du einen Ausschnitt vom Eierstock mit einem Eibläschen, in dem gerade eine Eizelle heranreift.

Einfach die Größte!

Die Eizelle ist die größte Zelle des menschlichen Körpers, so groß, dass man sie gerade noch mit dem Auge wahrnehmen kann.

Piekse mit einer kleinen spitzen Nadel ein Loch in ein Stück Papier. Nun bekommst du eine Vorstellung davon, wie groß eine ausgewachsene Eizelle (0,1 mm) ist.

Von Geburt an alle Eizellen

Im Gegensatz zum Mann kommen Frauen mit all ihren Eizellen, die sie jemals in ihrem Leben haben werden, auf die Welt. Wie in kleinen Schatzkästchen liegen seit ihrer Geburt alle Eizellen in den beiden Eierstöcken bereit. Bei einem Mädchen in der Pubertät sind es noch etwa 400 000. Eigentlich eine ganze Menge, wenn man bedenkt, dass für ein neues Leben nur eine einzige Eizelle benötigt wird. Interessant ist aber, dass die Eizellen auch älter werden. Wenn du jetzt beispielsweise zwölf Jahre alt bist, sind auch deine Eizellen schon zwölf Jahre alt, bei einer 50-jährigen Frau haben sie bereits 50 Jahre auf dem Buckel. So wird auch verständlich, warum eine Frau „in die Wechseljahre kommt". Das hat nichts damit zu tun, dass sie keine Eizellen mehr hätte, sondern damit, dass die noch vorhandenen einfach schon so müde sind.

Bis zur Pubertät ruhen alle Eizellen wie in einem Winterschlaf. Ab dem Einsetzen der Pubertät wird in bestimmten Abständen immer eine Gruppe von etwa 20 bis 25 Eizellen aufgeweckt. Aber nur eine von ihnen wird „zur Königin gewählt", nur sie darf weiterwachsen, reif werden und den Sprung ins große Abenteuer wagen. Das ist der Eisprung. Der Eisprung wiederholt sich etwa 400-mal während der fruchtbaren Lebensphase einer Frau.

Ihr Auftritt: kurz, aber eindrucksvoll

Schließlich ist die Eizelle jene Zelle im menschlichen Körper, die am kürzesten lebt. Nervenzellen zum Beispiel oder die Muskelzellen im Herzen müssen ein ganzes Leben lang durchhalten. Eine Eizelle jedoch lebt nach dem Eisprung nicht viel länger als einen halben Tag, genau genommen sind es etwa zwölf bis 18 Stunden. Nur in dieser kurzen Zeit hat ein Spermium die Chance, mit der Eizelle zu verschmelzen.

Vorbereitungen für einen großen Gast

Stell dir vor, du kommst von der Schule nach Hause, und gegen 14 Uhr würde dein Telefon läuten. Am anderen Ende der Leitung wäre, du kannst es kaum fassen, der Manager deines Lieblingsstars. Er verkündet dir: „Du bist ein Glückskind! In Deutschland wurden zehn Mädchen ausgewählt, und du bist eine davon. Wenn du jetzt noch mehr Glück hast, kann es sein, dass es heute Abend um 18 Uhr bei dir an der Türe läutet. Wenn du hingehst und öffnest, dann ist dein Lieblingsstar gekommen, um dich zu besuchen!"

Was würdest du jetzt tun? Wahrscheinlich rufst du, nachdem du den ersten Schock überwunden hast, gleich deine besten Freundinnen an. Die möchten sicher auch dabei sein, versprechen dir, dich bei den nun anstehenden Vorbereitungen zu unterstützen. Dann geht's los! Mit vereinten Kräften räumt ihr die Wohnung auf, sorgt für leckeres Essen und ausreichend Getränke. Vielleicht beschließt ihr sogar, einen Partyservice zu engagieren, denn ein so seltener Gast braucht doch einen außergewöhnlichen Service.

Wie könnte diese Geschichte aufhören? Es ist leider ziemlich wahrscheinlich, dass dein Star nicht kommt. Es gibt sie aber, diese Glückspilze, die irgendwo den Hauptgewinn ziehen, die ein Auto, eine Urlaubsreise oder einen Lottogewinn einheimsen. Leider

> **Sandra (14):**
> Das ist schon eine komische Sache mit diesem Zyklus. Ich weiß gar nicht, was ich davon halten soll. Für mich wäre es total frustrierend, wenn meine ganze Arbeit immer „für die Katz" wäre. Unsere Lehrerin sagte, beim Mann sei alles noch viel extremer. Da werden Millionen – oder waren es Milliarden? – von Spermien völlig umsonst hergestellt. Aber der Körper scheint am wenigsten Probleme damit zu haben, da gibt's alles im Überfluss, immer wieder und ohne darauf zu achten, ob's was bringt …

gehören wir selbst meistens nicht dazu. Aber sollte der Manager absagen, dann würden wir das Beste aus der Sache machen und einfach so eine Party feiern – und danach wieder aufräumen.

Aber wenn ein paar Wochen später erneut ein Manager anrufen und dir in Aussicht stellen würde, dass vielleicht dein Star … Würdest du wieder so viel Aufwand treiben?

Was diese Geschichte mit deinem Körper zu tun hat? Sehr viel. Dein Körper bekommt in regelmäßigen Abständen eine für ihn

Die Gleichung des Lebens

Mit ihrem Zyklus ist die Frau ein Spiegelbild der Jahreszeiten in der Natur.

Der Zyklus der Frau – ein Abbild der Natur

Über viele Jahre hinweg lebt der Körper der Frau mit der Aufgabe, sich auf ein großes Ereignis vorzubereiten und danach wieder aufzuräumen. Je nachdem, ob gerade die Vorbereitungen laufen oder die Aufräumarbeiten im Gange sind, sieht es „auf der Bühne des Lebens" immer wieder anders aus.

Wie ein Ring, der keinen Anfang und kein Ende kennt, gehen diese Vorgänge im Körper der Frau über lange Jahre unermüdlich und scheinbar unerschöpflich ineinander über. Mit diesem sich wiederholenden Kreislauf ist die Frau auch Spiegelbild der Natur. Genauso wie der Wechsel der Jahreszeiten stets wiederkehrt, lebt auch der Körper der Frau in einem beständigen Werden und Vergehen. Man nennt diesen Kreislauf daher „Zyklus". Die Natur schöpft aus ihrem unermesslichen Reichtum, und auch der Körper der Frau braucht nicht zu sparen und kann es sich jedes Mal erneut leisten, alles im Überfluss bereitzustellen.

wunderbare Botschaft. Sie sagt ihm, dass er vielleicht einen besonderen Gast zu Besuch haben wird, die Gleichung des Lebens Wirklichkeit werden könnte. Unser Körper reagiert auf diese verlockende Einladung und fängt, zusammen mit vielen Freundinnen, die du später noch kennenlernen wirst, sofort an, sich vorzubereiten. Er bemüht sogar noch eine Art Partyservice. Wenn dieser Gast nicht kommt, so räumt er schnell wieder auf, denn nur so kann er immer wieder aufs Neue Besuch erwarten.

Auf der Bühne des Lebens

Die „Bühne des Lebens" liegt tief drinnen im Körper der Frau. Unterhalb des Nabels, geschützt von den Beckenknochen, eingebettet zwischen Bauchwand, Blase und Darm, im kleinen Becken: Dort sind die Eierstöcke, die Gebärmutter mit den beiden Eileitern und die Scheide.

Zwei Schatzkästchen im Körper – die Eierstöcke

Die beiden Eierstöcke sind etwa so groß wie Walnüsse oder kleine Pflaumen und mit Haltebändern an der Beckenwand befestigt. Eine Menge Kostbarkeiten liegen hier bereit: Zum einen sind es die rund 400 000 Eizellen,

Die Gleichung des Lebens

> **+++ FAKT +++**
> Östrogene und Progesteron sind weibliche Hormone, das sind Botenstoffe, die im Eierstock gebildet werden und von dort aus mit dem Blut an alle Körperorgane gelangen.

mit denen jedes kleine Mädchen bereits zur Welt kommt. Zum anderen sind dort die besten und treuesten Freundinnen der Frau zu Hause – die Östrogene. Diese weiblichen Hormone sind als Botenstoffe rund um die Uhr im Einsatz, sie helfen bei den Vorbereitungen im ganzen Körper der Frau mit und sorgen dafür, dass sie sich wohlfühlt. Schließlich gibt es dort noch einen hervorragenden Partyservice, das Progesteron. Wie die Östrogene unterstützt es die Frau bei den Vorbereitungen, die in jedem Zyklus neu in ihrem Körper ablaufen. Die Östrogen-Freundinnen und das Progesteron-Team – von diesen guten Geistern wird noch viel die Rede sein.

Ein Luxushotel fürs Baby – die Gebärmutter

In der Mitte des kleinen Beckens liegt die Gebärmutter. Das ist das Hotel, das ein Baby für neun Monate bezieht. Auf den ersten Blick erscheint die Bauweise dieser Unterkunft recht seltsam, beim näheren Hinsehen erweist sie sich aber als äußerst praktisch. Das Hotel gleicht einer etwa fünf bis sieben Zentimeter großen Birne, das dicke Ende nach oben. Anstatt der starren Betonwände, die man üblicherweise für Wohngebäude verwendet, bestehen die Außenmauern hier aus einer beweglichen Muskelschicht. Diese geniale Erfindung ermöglicht es, dass die im unbewohnten Zustand kleine, beschauliche Unterkunft bei Bedarf zu einem monumentalen Hotelkomplex ausgebaut werden kann – nur für den Fall, dass ein kleiner Gast beschließt, sich für längere Zeit darin breitzumachen. Gleichzeitig gelingt es dieser genialen Muskelkonstruktion, die Räumlichkeiten später, wenn der Gast nach neun

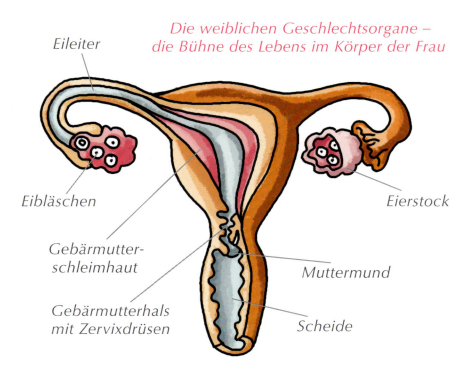

Die weiblichen Geschlechtsorgane – die Bühne des Lebens im Körper der Frau

Eileiter
Eibläschen
Gebärmutterschleimhaut
Gebärmutterhals mit Zervixdrüsen
Eierstock
Muttermund
Scheide

Die Gleichung des Lebens

Monaten sein Quartier wieder verlässt, erheblich zu verkleinern. Dann ziehen sich die Muskeln in den Wehen zusammen, setzen so das Baby unter Druck – und schließlich vor die Tür!

> **+++ FAKT +++**
> *Die Schleimhaut in der Gebärmutter besteht aus zwei Schichten. Nur die obere Schicht verändert sich während des Zyklusverlaufs. Sie blutet bei der Periode ab und wird immer wieder erneuert.*

Hier ist's gut – Kuschelecken in der Gebärmutterschleimhaut

Die Luxussuiten liegen alle mit Blick auf den großen Innenhof, die Gebärmutterhöhle. Sie sind höchst komfortabel und kinderfreundlich eingerichtet. In der obersten Schicht der Gebärmutterschleimhaut werden in regelmäßigen Abständen liebevolle Kuschelecken vorbereitet. Wer da Vollpension gebucht hat, bekommt alles: Nährstoffe, Sauerstoff, unmittelbaren Körperkontakt mit Mama, Ruhezonen und – zumindest am Anfang noch – viel Bewegungsfreiheit.

Wie es sich für ein anständiges Fünf-Sterne-Hotel gehört, wird jedem neuen Gast derselbe Luxus geboten: frische Betten, frische Blumen, frische Nahrung – nagelneue Kuschelecken. Dazu muss aber die oberste Schleimhautschicht zunächst einmal entsorgt werden. Das geschieht bei der Menstruationsblutung.

Der Weg der Eizelle durch den Eileiter

Oben, am dicken Ende der Gebärmutterbirne, gehen links und rechts zwei Tunnelgänge ab. Das sind die Eileiter. Sie stellen eine Verbindung her zwischen der Gebärmutter und den Eierstöcken. Außerdem sind sie der Ort der Begegnung von Ei- und Spermienzelle. Wenn nämlich die Zeit heranrückt und eine reife Eizelle aus dem Eierstock ihren Sprung ins große Abenteuer wagt, legen sich die fingerförmigen Enden des Eileiters wie von Geisterhand geführt genau über die richtige Stelle im Eierstock, um die Eizelle aufzufangen. Falls dann gerade Spermien vor Ort sind, findet hier, in diesem äußeren Tunnelabschnitt, die Befruchtung statt, die Verschmelzung von Ei- und Spermienzelle.

Vor Wind und Wetter geschützt, leitet der „Eileiter" nun den kleinen Embryo zu seinem Hotelzimmer. Zugegeben, die Tunnelröhre ist zwar etwas eng (rund 1–2 Millimeter Durchmesser), dafür gibt es aber eine Art Fließband.

Die Flimmerhärchen des Eileiters schlagen in Richtung Gebärmutter und bewegen so das befruchtete Ei wie auf Wellen dahin.

Das neue Leben wird von den Flimmerhärchen des Eileiters wie auf Wellen sanft in Richtung Gebärmutter vorwärtsgeschaukelt.

Fitnesscenter im Gebärmutterhals

Das schlanke untere Ende der Gebärmutterbirne nennt man Gebärmutterhals, lateinisch heißt es auch „Zervix". Dieser Teil ist von einem Kanal durchzogen und hat andere Aufgaben als das darüberliegende Hotel. An den Seiten des Kanals gibt es Zugänge zu etwa 100 Drüseneinheiten. Sie sind Wellness- oder Fitnesseinrichtungen für eventuell durchreisende Spermienzellen. Von ihnen wird später noch die Rede sein. Der Kanal führt zur unteren Öffnung, dem Muttermund, der in die Scheide hineinragt. Er ist das Tor zum Leben.

Empfangshalle zur Bühne des Lebens – die Scheide

Dieser etwa zehn Zentimeter lange, elastische Muskelschlauch, lateinisch auch Vagina genannt, ist die Verbindung zwischen der Gebärmutter und der Außenwelt. Durch die Scheide können bei den monatlichen Renovierungsarbeiten, denn nichts anderes ist die Menstruationsblutung, die nicht mehr benötigten Luxussuiten aus dem Körper fließen. Sie kann den Penis des Mannes aufnehmen und umschließen, hier werden die Spermienzellen beim Samenerguss ausgesetzt, durch diesen Kanal muss sich das Baby, wenn es nach neun Monaten sein Luxushotel verlässt, schieben. Der ist zu dieser Zeit aber so elastisch und dehnbar geworden, dass selbst kleine Dickköpfe durchpassen.

Schutz für die Scheide – das Jungfernhäutchen

Die Bühne des Lebens ist mehrfach geschützt. Von außen ist der Eingang zur Scheide bedeckt und umrahmt von den äußeren und inneren Schamlippen. Sie wachsen während der Pubertät, werden ganz unterschiedlich groß und sind bei erwachsenen Frauen dunkler gefärbt. Bei den meisten jungen Mädchen gibt es am Eingang der Scheide eine Hautverengung, das Jungfernhäutchen. Das ist ein kleiner weicher Hautsaum, der bei jedem Mädchen anders ausgebildet ist: bei manchen stärker, bei manchen schwächer, bei manchen ganz weich, bei manchen eher weniger elastisch. Es kann auch vorkommen, dass es gar nicht angelegt ist. Das Jungfernhäutchen hat die Aufgabe, die Bühne

Bettina (12):
Wir haben in der Schule die weiblichen Geschlechtsorgane durchgenommen. Die Jungs haben sich voll lustig über uns gemacht. Wenn die nicht dabei gewesen wären, hätte ich mich vielleicht zu fragen getraut, wie das mit dem Jungfernhäutchen ist, aber so. Es war nur doof.

des Lebens in der Kindheit zusätzlich zu schützen. Durch die verbleibende Öffnung kann das Menstruationsblut später problemlos abfließen. Während der Pubertät wird das Jungfernhäutchen elastischer und weiter. Bei der Benutzung eines Tampons oder beim ers-ten Geschlechtsverkehr wird das Häutchen ge-dehnt. Manchmal reißt es etwas ein und kann dabei ein wenig bluten, muss es aber nicht.

3 Die Gleichung des Lebens – wie ein neuer Mensch entsteht

Die Bühne des Lebens im Körper der Frau ist jetzt bekannt, und einige der Hauptdarsteller, die Spermienzelle und die Eizelle, wurden ebenfalls vorgestellt. Nun kann das Stück beginnen! Aber der Reihe nach: Zuerst treten die Spermien auf.

Hast du eine Ahnung, wie viele Spermienzellen bei einem Samenerguss in die Scheide kommen? 1000? 10 000? 100 000? Oder gar eine Million?

Es sind unvorstellbare Mengen! 200 bis 700 Millionen (in Zahlen: 200 000 000 bis 700 000 000) machen sich auf, um ihr großes Glück zu suchen. Ist das nicht eine gigantische Verschwendung der Natur, wenn man bedenkt, dass nur eine einzige Spermienzelle ausreichen würde, um die Eizelle zu befruchten? Aber was erwartet die Spermien eigentlich in der Scheide? Wie gelangen sie ans ersehnte Ziel, zur Eizelle?

Die abenteuerliche Reise der Spermien

Gute Zeiten – schlechte Zeiten

Der Körper der Frau geht nicht gerade zimperlich um mit den Spermienzellen. Das geschieht nicht aus Bösartigkeit, sondern hat seinen guten Grund. Denn nur die Frau verfügt über einen Zugang zum Körperinneren, direkt zur Bauchhöhle (Scheide, Gebärmutter, Eileiter).
Damit keine Krankheitserreger dorthin aufsteigen können, ist die Scheide eine besondere Schutzzone, in der Bakterien und andere Eindringlinge abgewehrt werden. Es heißt, dort herrsche ein „saures Milieu". Auch die Spermienzellen vertragen dieses Klima nicht besonders gut, und so „versauern" sie dort im wahrsten Sinne des Wortes.

Flucht nach vorne?

Die Spermienzellen wollen ja gar nicht in der Scheide bleiben; sie wollen noch weiter zur Eizelle. Da hilft nur, die Flucht nach vorne anzutreten, hinauf zum oberen Ende der Scheide, zum Muttermund, und hinein in die Gebärmutter.

Aber, wieder Pech gehabt, auch hier geht nichts. Das Tor zum Leben ist verschlossen. Ein dicker, zäher Schleimpfropf versperrt den Eingang zur Gebärmutter. Einigen ganz starken Spermienzellen mag es zwar gelingen, die Türsteher zu überlisten und hineinzuschlüpfen, doch das sollten sie lieber bleiben lassen. Denn nun befinden sie sich in einem Labyrinth, in einem dicht verschlungenen

Die Gleichung des Lebens

Maschenwerk. Dort bleiben sie rasch mit ihren viel zu großen Köpfen hängen, das Netz wird immer enger, und das Ende droht: In der Scheide sterben die Spermien innerhalb von einer halben bis drei Stunden ab. Während der meisten Zeit im Zyklus ist ihre Reise zur Eizelle hier vorbei, noch ehe sie richtig begonnen hat.

Wenn das Timing stimmt: freie Fahrt voraus!

Aber es gibt auch Glückskinder unter den Spermienzellen. Diejenigen nämlich, die einen guten Riecher hatten für den richtigen Zeitpunkt ihrer Reise. Denn nicht immer sind die Umstände derart ungünstig und ist das Klima so rau. Wenn nämlich im Körper der Frau die Vorbereitungen anlaufen, damit sich die Gleichung des Lebens verwirklichen kann, dann verändert sich die Situation.

Für einige wenige Tage öffnet sich dann der Muttermund, das Tor zum Leben. Zunächst geht es nur einen Spalt weit auf, später immer mehr. Schließlich ist es etwa einen halben bis einen dreiviertel Zentimeter geöffnet. Für die Spermien ist das so, als ob die Tore ins Leben weit offenstünden und Spruchbänder aufgezogen würden mit den Worten: „Willkommen – Willkommen!" Und noch etwas geschieht: Der Schleimpfropf hat sich aufgelöst, und aus dem Muttermund fließt eine sonderbare Flüssigkeit heraus. Die

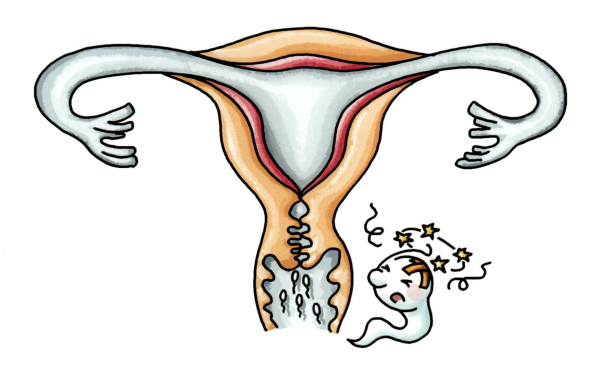

Während der überwiegenden Zeit innerhalb eines Zyklus gehen die Spermien in der Scheide innerhalb von einer halben bis drei Stunden zugrunde.

Die Gleichung des Lebens

Spermienzellen, die in der Scheide zu versauern drohen, werden magisch davon angezogen. Sobald sie damit in Kontakt kommen, wird ihnen klar: „Das ist unsere Rettung!"

Bestimmt kennst du „Asterix und Obelix". Dann weißt du auch, was Asterix trinkt, wenn er Kraft braucht? Den Zaubertrank! Genau so einen Zaubertrank hält der Körper der Frau für die Spermienzellen bereit – aber nur für wenige Tage. Aus dem Zervixschleim, so nennt man diesen Zaubertrank, nehmen die ausgehungerten Spermien neue Nahrung, vor allem Zucker, gierig in sich auf. Mit jedem Schluck kehrt Kraft und Energie in sie zurück. Doch damit nicht genug.

Auf dem Weg in das Wellnesscenter

Wie Taucher in die Wogen des Meeres, so stürzen sie sich in den Zaubertrank. Wie schwerelos können sie sich plötzlich bewegen!

Glaubt man neueren wissenschaftlichen Forschungen, könnte es sein, dass ein Teil der Spermien in dieser Zeit, während der Muttermund offen und Zervixschleim vorhanden ist, regelrecht in die Gebärmutter hinein gesaugt werden. Eingepackt und geschützt von nährendem Zervixschleim werden sie – wie in einer Art Aufzug – in kürzester Zeit vom

> +++ **FAKT** +++
>
> Der Zervixschleim hat viele Funktionen: Er bietet den Spermienzellen Nahrung und Energie, schützt sie vor dem sauren Klima in der Scheide.
> In seinen Kanälen transportiert er sie nach oben. Zusätzlich filtert er die missgebildeten Samenzellen aus, sodass nur die gesündesten weiterkommen.

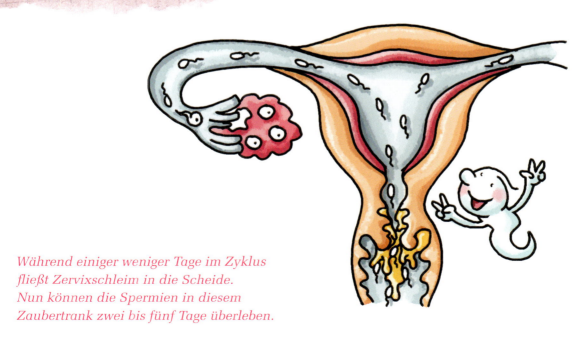

Während einiger weniger Tage im Zyklus fließt Zervixschleim in die Scheide. Nun können die Spermien in diesem Zaubertrank zwei bis fünf Tage überleben.

Muttermund hinauf katapultiert bis vor die richtige Eileiteröffnung – und das ganz bequem, ohne selbst schwimmen zu müssen!

Doch es gibt auch Genießer unter den Spermien. Viele haben es nicht so eilig und möchten erst eine Weile chillen. In den weiten Maschen und Kanälen des Zervixschleims kommen sie jetzt vorwärts wie auf Autobahnen. So gelangen sie in kurzer Zeit aus der Scheide hinauf in den Muttermund und hinein in den Gebärmutterhals, in die Zervix. Links und rechts gibt es dort regelrechte „Autobahnausfahrten", die zu Raststätten führen, die mit verlockenden Schlemmermenüs und Verwöhnprogrammen werben. Viele Spermienzellen nehmen das Angebot, sich eine Weile auszuruhen und neue Kraft zu tanken, wahr und gelangen nun direkt an die Quelle, nämlich dorthin, wo der Zaubertrank gebildet wird.

+++ **FAKT** +++
In den Zervixdrüsen des Gebärmutterhalses können Spermien bis zu fünf Tage überleben.

Jetzt ist Genießen angesagt – Fitness für die Samenzellen

Der Zervixschleim ist ein Spitzenprodukt, das nur einige Tage im Angebot ist. Er wird in den etwa 100 Spezialdrüsen im Gebärmutterhals hergestellt, exklusiv für die Spermienzellen. In den Wellness- und Fitnesscentern der Zervixdrüsen lassen sie sich verwöhnen, sie schlemmen, schlafen und trainieren. Je nachdem, wie sie sich fühlen, bleiben die einen kürzer, die anderen etwas länger, die einen ein paar Stunden, andere sogar ein paar Tage. So kann es sein, dass manche von ihnen in den Zervixdrüsen zwei bis fünf Tage verbringen. Gestärkt und voller Abenteuerlust, brechen sie nacheinander auf und reisen weiter, hinauf in die Gebärmutter, an deren Ende links und rechts der Eingang zu den Eileitertunneln liegt.

Wie im Fitnessstudio können sich die Spermienzellen in den Zervixdrüsen des Gebärmutterhalses verwöhnen lassen, neue Kraft sammeln und sich fit machen für den Weg nach oben.

Rechts oder links? Wo wartet die Eizelle?

In welchem der beiden Eierstöcke wächst die Eizelle heran? In welchen der beiden Eileiter wird sie nach dem Sprung ins große Abenteuer aufgenommen? Da gibt es kein festes Schema, der Eisprung findet nicht immer abwechselnd statt, jedesmal wird neu entschieden! Nur den Spermien, die den richtigen Eileiter gewählt haben, kann an dessen Ende der Hauptgewinn winken: die Eizelle.

Damit sich die Chancen für die Spermien erhöhen, die Eizelle auch wirklich zu finden, hilft der Körper der Frau selbst wieder ein wenig mit. Das jedenfalls lassen neuere Forschungen vermuten! Danach soll es auch hier eine Art Saugsystem geben: die zarten Muskeln der Eileitermündung auf jener Seite, auf der die Eizelle im Eierstock heranreift, ziehen sich rhythmisch zusammen. Dadurch soll ein großer Teil der Spermien regelrecht in den richtigen Eileiter hinein gesaugt werden.

Zum Endspurt ein Hindernislauf

Auf dem letzten Stück ihres Wegs werden die Spermien noch einmal richtig gefordert. Längst haben sie den Zaubertrank hinter sich gelassen, ihr Energievorrat schrumpft zusehends zusammen. Sie müssen nun im Eileitertunnel gegen den Strom schwimmen, denn die winzigen Flimmerhärchen bewegen sich in Richtung Gebärmutter.

So geht die Auslese der Spermien weiter. Viele kommen um, verfangen sich in den engen Falten und Schluchten des Eileiters und bleiben stecken. Wieder andere werden von der Körperpolizei der Frau, den weißen Blutkörperchen, ziemlich hart angegriffen und kommen nicht mehr weiter. Viele sind auch einfach nur erschöpft und geben auf.

Von den Millionen Spermienzellen, die der Mann auf die Reise schickt, gelangen nur wenige ans Ziel, an das Ende des Eileitertunnels, dorthin, wo möglicherweise eine Eizelle sie erwartet.

Jetzt sind es nur noch wenige Hundert Spermien, die beim Endspurt dabei sind. Aber sie alle sind wichtig. Jetzt ist Teamarbeit angesagt, nach dem Motto: alle für einen, einer für alle! Alle müssen zusammenhelfen, um jetzt mit ihren Mützchen, dem Akrosom, die Hülle der Eizelle aufzulösen. Und jetzt entscheidet das Glück, das Schicksal oder die Vorsehung, jeder nennt es anders: Nicht das erste und schnellste Spermium wird gewinnen, sondern dasjenige, das genau an der Stelle ist, wo sich die Hülle als erstes auflöst! Die Spannung steigt, denn nur einer kann Sieger sein. Was nun geschieht, ist immer wieder die aufregendste Begegnung in der Geschichte der Menschheit, der Anfang eines neuen Lebens.

+++ **FAKT** +++

Es gibt Hypothesen, wonach es die Eizelle selbst ist, die bestimmt, welches Spermium sie einlässt!

„The winner is" – die Befruchtung

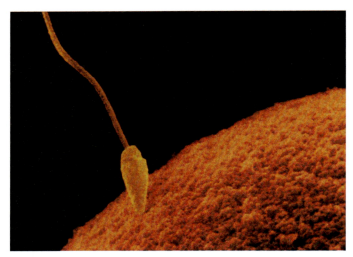

Ist das vielleicht der Sieger? Eine Spermienzelle kämpft sich hier durch die Hülle der Eizelle.

Auf der Bühne des Lebens im Körper der Frau gibt es nun ein einziges Spermium – mit seinen einzigartigen Erbanlagen –, es ist der glückliche Gewinner.

Wenn der Kopf des Siegers in die Eizelle eingedrungen ist, geschieht etwas Merkwürdiges: Die Eizelle versperrt alle „Türen", durch chemische Signale wird sozusagen eine automatische Schließanlage aktiviert. Innerhalb einer Sekunde ist alles dicht. Niemals kann eine zweite Spermienzelle in die Eizelle eindringen. Das hat natürlich seinen guten Grund, denn ein gesunder, lebensfähiger Mensch braucht nur eine bestimmte Menge an Erbinformation. Die eine Hälfte von der Mutter und die andere Hälfte vom Vater – nicht mehr und nicht weniger. Sobald die Spermienzelle drinnen ist, wird der Schwanz zur Fortbewegung nicht mehr gebraucht und löst sich. Wichtig ist jetzt nur noch der Kopf mit seinem winzigen Zellkern. Hier liegt die Information bereit für alle Erbanlagen, die der Vater dem Kind auf seinen Lebensweg mitgeben wird.

Papa bestimmt ...
Junge oder Mädchen?

Es ist interessant, dass es der Vater ist, der über das Geschlecht seines Kindes entscheidet. Ein X-Chromosom im Zellkern der Spermienzelle bestimmt, dass es ein Mädchen, ein Y-Chromosom, dass es ein Junge wird.

Die Ähnlichkeit von Mutter und Tochter ist nicht zu übersehen. Schon bei der Befruchtung wird das Aussehen festgelegt.

„You are the Champion!"

Hast du schon einmal über den Augenblick nachgedacht, als dein eigenes Leben begann? Du selbst warst damals diese Siegerspermienzelle, Gewinnerin aus rund einer halben Milliarde Spermien! Und nicht nur das, du warst auch die ausgewählte Eizelle, die Königin sozusagen. Du bist ein zweifacher Sieger, schon dein ganzes Leben lang. Du hast es geschafft, mit allen Eigenschaften, Talenten und Merkmalen, auf die du heute stolz bist, deine blauen Augen zum Beispiel, deine schlanken Beine und dein Mathetalent. Aber du hast auch gewonnen mit allem, worüber du gar nicht glücklich bist, dass du dich zu klein fühlst zum Beispiel oder dass deine Haare strähnig sind. Du hast gewonnen mit allem, was dich an dir stört und woran du schwer knabberst.
Bei allem, was dir Schwierigkeiten macht in deinem Leben, solltest du eines nie vergessen:
Die Tatsache, dass genau du entstanden bist aus der Siegerspermienzelle und der Königin, ist mehr als ein Lottogewinn.

> *Du bist ein Wunder!*
> *Du bist einzigartig!*
> *Und deshalb ist es gut, dass es dich gibt.*

Die Gleichung des Lebens

+++ FAKT +++

Eineiige Zwillinge entstehen, wenn sich auf dem Weg durch die Eileiter bei der Zellteilung die Zellen voneinander trennen. Da sie noch das ganze Potenzial in sich tragen, können sie zu zwei Menschen mit dem gleichen Erbgut heranwachsen. Sie sehen sich zum Verwechseln ähnlich und haben natürlich immer dasselbe Geschlecht.

Im Inneren der großen Eizelle liegt der Zellkern mit dem gesammelten Erbmaterial der Mutter. Bald fällt der Startschuss für ein neues Menschenleben. Wenn die beiden Kerne immer weiter aufeinander zu wandern und schließlich miteinander verschmelzen, ist das der Beginn eines neuen, einzigartigen Wesens. Bereits in diesem Augenblick ist festgelegt, wie der neue Mensch einmal aussehen wird: Augenfarbe, Haarfarbe, Größe, Gesichtszüge, ja selbst über bestimmte Krankheiten und besondere Begabungen wurde jetzt entschieden.

Aus eins mach zwei: Teilung der Eizelle

Die Befruchtung ist jedoch nur der Anfang eines ungeheuerlichen Wachstumsprozesses im Körper der Frau, an dessen Ende, wenn alles gut geht, das große Finale steht – die Geburt eines Kindes. Doch bis dahin sind noch viele Hürden zu nehmen, Hindernisse zu überwinden und Gefahren zu bestehen.

Schon wenige Stunden nach der Befruchtung teilt sich die befruchtete Eizelle zum ersten Mal. Muskelbewegungen und die Flimmerhärchen des Eileiters treiben das neue Leben, das jetzt Embryo genannt wird, vorsichtig in Richtung Gebärmutter voran. Diese Wanderung dauert etwa vier bis fünf Tage.

Währenddessen teilt sich der Embryo immer wieder, sodass aus zwei Zellen vier, aus vier Zellen acht und aus acht Zellen 16 und bald 64 Zellen entstehen.

Funkkontakt zur Eizelle abgebrochen

Während der Zeit der Wanderung der befruchteten Eizelle durch den Eileiter weiß der Körper der Frau noch gar nicht, dass ein neues Leben entstanden ist. In dem Moment, wenn die Eizelle beim Eisprung den Eierstock verlässt, ist der Funkkontakt zu ihr abgebrochen. Diese ersten paar Tage sind die gefährlichste Etappe. Nicht jeder Embryo erreicht das

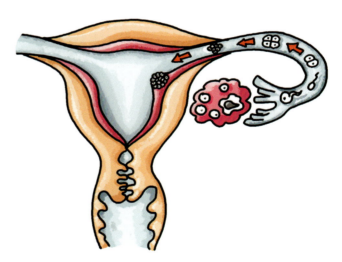

Hier siehst du die Befruchtung der Eizelle im äußeren Drittel des Eileiters und ihre vier- bis fünftägige Wanderung in Richtung Gebärmutter. Gleich nach der Befruchtung beginnt auch die Zellteilung.

Gebärmutterhotel, wo die Vorbereitungen für seine Ankunft bereits auf Hochtouren laufen.

Wer es allerdings bis dorthin schafft, hat die größten Hürden erst einmal überwunden. Wenn der kleine Gast zum ersten Mal aus der bedrohlichen Enge des Eileiters in den weitläufigen Innenhof des Hotelgebäudes tritt, kommt er sich wahrscheinlich ganz verloren vor. Nun darf er sich in aller Ruhe umschauen und sich innerhalb der nächsten ein, zwei Tage eine Kuschelecke suchen, in der er in den kommenden neun Monaten bleiben möchte. So kommt es etwa eine Woche nach der Befruchtung noch einmal zu einem bedeutsamen Augenblick.

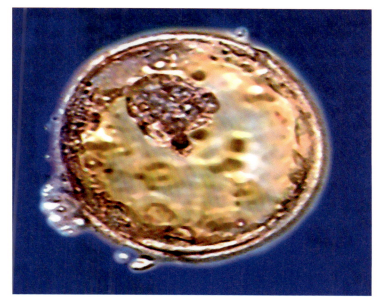

Sechs Tage nach der Befruchtung ist aus der befruchteten Eizelle eine sogenannte Blastozyste entstanden. Jetzt ist es Zeit, sich in die Gebärmutterschleimhaut einzunisten.

später wird daraus die Nabelschnur. Sobald der Kontakt hergestellt ist, kann das Kind jetzt der Mutter eine Liebesbotschaft schicken und ihr mitteilen, dass es da ist. Sobald es sich nämlich mit der Gebärmutterschleimhaut verbunden hat, gelangt ein Botenstoff, das Schwangerschaftshormon „Human Chorion Gonadotropin" (HCG), in den Blutkreislauf der Mutter. Schon nach wenigen Tagen, etwa zwei Wochen nach der Befruchtung, können empfindliche Teststreifen diese Botschaft auch im Urin der Mutter nachweisen: Der Schwangerschaftstest ist dann positiv!

Liebesbrief an Mama: Hallo, ich bin da!

In der Gebärmutterschleimhaut angekommen, nimmt das Kind, das inzwischen auf mehr als 100 Zellen herangewachsen ist, mit dem Körper der Mutter Kontakt auf und wächst mit ihm zusammen. So entsteht eine enge Verbindung zwischen Mutter und Kind,

+++ **FAKT** +++
Die Einnistung in der Gebärmutterschleimhaut, auch Nidation oder Implantation genannt, erfolgt etwa eine Woche nach dem Eisprung bzw. nach der Befruchtung.

Die Gleichung des Lebens

Nach seiner Ankunft in den weitläufigen Räumen des Gebärmutterhotels darf sich der kleine Gast eine Kuschelecke suchen. Dort wird er dann neun Monate zuhause sein. In der Gebärmutter ist alles für ihn vorbereitet – wie in einem Luxushotel.

Auf das Timing kommt es an – fruchtbar oder unfruchtbar?

Schwanger werden kann eine Frau also nur, wenn die Eizelle nach ihrem Sprung aus dem Eierstock vom Eileiter aufgefangen wird und dort in den nächsten zwölf bis 18 Stunden einer Spermienzelle begegnet und mit ihr verschmilzt. Ein – wie du jetzt weißt – durchaus nicht alltägliches Ereignis.

Im normalen Zyklusalltag ist der Lebensweg der Eizelle unspektakulär. Nach ihrem Sprung aus dem Eierstock in den Eileiter ist niemand da, der sie begrüßt. Die wenigen, ihr noch verbleibenden Lebensstunden verbringt sie alleine, dann löst sie sich langsam auf und vergeht.

+++ FAKT +++
Viele meinen, die unbefruchtete Eizelle wandert nun auch in die Gebärmutter und wird mit der nächsten Menstruationsblutung aus dem Körper geschwemmt. Das stimmt nicht. Die Eizelle löst sich an Ort und Stelle auf. Die Blutung hat mit der Eizelle nichts zu tun.

Da die Eizelle in einem Zyklus von etwa 30 Tagen gerade mal für zwölf bis 18 Stunden, also knapp einen Tag lang, befruchtet werden kann, müssen die Spermienzellen genau zu dieser Zeit zur Stelle sein, sonst haben sie ihre Chance verpasst. Da müssen sie hellseherische Fähigkeiten haben, sonst wäre die Menschheit wohl längst ausgestorben.

Oder war da nicht noch was? Was ist mit den beliebten Raststationen für die Spermien auf ihrem Weg nach oben? Selbst wenn die Spermienzellen bereits einige Tage vor dem Eisprung in den Körper der Frau gelangen, können sie – dank des Zaubertranks im Wellnessbereich des Gebärmutterhalses – ein paar Tage überleben. Von dort aus werden sie nach und nach weiter nach oben Richtung Eileiter transportiert. Durch diesen genialen Schachzug sorgt der Körper der Frau selbst dafür, dass auch dann noch Spermienzellen vor Ort sind, wenn sie schon einige Tage vor dem Eisprung in der Scheide abgeliefert wurden.

Im Zervixschleim können die Spermienzellen einige Tage überleben. Unter besonders guten Bedingungen, wenn die Verpflegung ausgesprochen lecker und die Spermien total fit sind, können es auch fünf Tage sein.

Gleichung des Lebens ergänzen!

Wie war das noch mit der Gleichung des Lebens: Spermie + Eizelle = Baby?

Nach allem, was bisher gesagt wurde, stimmt sie nur zum Teil. Denn die dramatischen Ereignisse zwischen Spermie und Eizelle gibt es nur während der sogenannten fruchtbaren Zeit, solange Zervixschleim da ist.

Die Gleichung des Lebens

Die Gleichung des Lebens muss richtig heißen:
(Spermie + Zervixschleim) + Eizelle = Baby

Jetzt kannst du dir ganz einfach selbst ausrechnen, wie lange zwei Menschen, ein Mann und eine Frau, zusammen in einem Zyklus „fruchtbar" sind, d. h., an wie vielen Tagen es zu einer Schwangerschaft kommen kann. An drei bis fünf Tagen vor dem Eisprung plus dem einen Tag nach dem Eisprung, an dem die Eizelle noch lebt, insgesamt also an etwa vier bis sechs Tagen.

Weder der Mann noch die Frau ist für sich alleine fruchtbar.

Das ist doch eine sehr kurze Zeit, oder? Wie es zu diesen erstaunlichen Vorgängen und bemerkenswerten Veränderungen im Körper einer Frau kommt, erfährst du im nächsten Kapitel.

+++ **FAKT** +++
In der Medizin spricht man von einer sog. genannten Fruchtbarkeitstriade. Das bedeutet, dass drei Faktoren für die Fruchtbarkeit notwendig sind, nämlich Eizelle, Spermie und Zervixschleim.

Ergänzung:

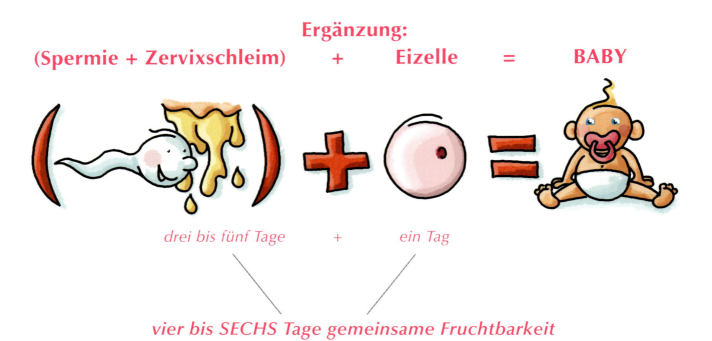

(Spermie + Zervixschleim) + Eizelle = BABY

drei bis fünf Tage + ein Tag

vier bis SECHS Tage gemeinsame Fruchtbarkeit von Mann und Frau in einem Zyklus

4 Bühne frei für die Zyklusshow

Stell dir vor, du gehst in ein Theater. Bevor das Stück anfängt, siehst du nur einen roten Vorhang, der die Bühne verdeckt. Irgendwann ist es so weit, der Vorhang öffnet sich, und was nun? Nichts. Die Bühne ist schwarz und leer.

Du aber bleibst sitzen und wartest ab, mehr oder weniger geduldig, ein paar Wochen lang. Danach geschieht Folgendes: Der Vorhang schließt sich wieder, für ein paar Tage. Dieses nicht wirklich aufregende Schauspiel wiederholt sich alle paar Wochen, und viele Frauen sagen völlig zu Recht: „Was soll das ganze Theater?"

Natürlich bemerkt es jede Frau, wenn sie ihre Tage hat. Davon, was sich eigentlich zwischen diesen Tagen auf der Bühne des Lebens abspielt, haben aber die wenigsten eine Ahnung. Da ist es auch nicht weiter erstaunlich, dass viele Frauen ihre Blutung lästig finden und manche gerne ganz darauf verzichten würden. Dir soll es damit anders gehen, denn jeden Monat wird in deinem Körper ein spannendes und faszinierendes Schauspiel geboten. Deshalb: Bühne frei für die Zyklusshow!

Die Chefinnen führen Regie – das Gehirn steuert die Hormone

Der Ort der Bühne des Lebens im kleinen Becken der Frau ist bereits bekannt: Eierstock, Eileiter, Gebärmutter und Scheide sind Schauplätze spannender Ereignisse. Aber die Zyklusshow spielt sich nicht nur dort ab. Die Regieanweisungen werden von ganz anderer Stelle ausgegeben, nämlich im menschlichen Gehirn.

Hypophyse
Hirnanhangsdrüse

Hypothalamus
Zwischenhirn

Unser Gehirn ist das „oberste Sexualorgan".
Hier, in Hypothalamus und Hypophyse, wird Regie geführt,
hier laufen die Fäden zusammen.

Der erste Akt der Zyklusshow – die Östrogene gehen ans Werk

Die Zyklusshow beginnt offiziell am ersten Tag der Menstruationsblutung. Die oberste Schicht der Gebärmutterschleimhaut löst sich auf, und aus vielen winzigen Äderchen tritt Blut aus. Während die Blutung noch andauert, wird von den Chefinnen im Gehirn bereits wieder die Nachricht mit der Aufforderung an den Körper geschickt: „Es könnte sein, es kommt ein ganz besonderer Gast (ein neues Leben): Bitte alles vorbereiten!"
Das bedeutet: Eizelle bereitstellen und den Spermien, so denn welche kommen, Einlass gewähren. Dazu werden zunächst vom Gehirn die ersten Frühlingsboten über die Blutbahn hinunter zu den beiden Eierstöcken geschickt. Sie hören auf den Namen FSH (Follikestimulierendes Hormon) und bringen die Botschaft: „Hallo Eizellen! Aufwachen! Euer Leben beginnt!"

Eizellen werden aufgeweckt

Daraufhin erwachen etwa 20 bis 25 winzige Eizellen aus ihrem Winterschlaf und beginnen zu wachsen. Weil Eizellen zart und schutzbedürftig sind, bildet sich um sie herum eine Art Schutzhülle, die mit Flüssigkeit gefüllt ist. Dort können sie sich nun ungestört weiterentwickeln. Bald sehen sie aus wie kleine Bläschen, daher auch der Name Eibläschen (Follikel).

Die Östrogene, die besten Freundinnen der Frau

Auch die Schutzhülle selbst ist von großer Wichtigkeit. So, wie du sofort deine Freundinnen für die Vorbereitungen zu Hilfe holen würdest, ist es auch in unserem Körper: Wenn die Botschaft kommt, dass sich möglicherweise die Gleichung des Lebens erfüllen wird und die Eizellen aus dem Schlaf erwachen, dann treten auch in unserem Körper die besten Freundinnen auf den Plan. Die Rede ist von den Östrogenen, das sind die Botenstoffe, auch Hormone genannt. Sie entstehen auf der Schutzhülle, dem Eibläschen. Es handelt sich um überaus nette Wesen, engagiert, handwerklich talentiert und künstlerisch begabt, zupackend und äußerst hilfs-

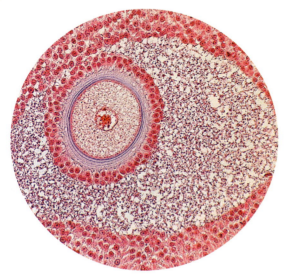

Die Eizelle wächst in einem Bläschen heran, das mit Flüssigkeit gefüllt ist. Deswegen spricht man auch von einem Eibläschen oder „Follikel".

bereit – kurzum, die besten Freundinnen, die sich eine Frau nur wünschen kann. Wie gute Freundinnen eben sind, lassen sie sich nicht lange bitten, sie lösen sich von der Hülle, schwärmen aus in den Körper und beginnen mit den Vorbereitungen.

Die Wahl der Königin

Aber zurück zum Eierstock. Hier hat inzwischen eine geheime Wahl stattgefunden. Von den vielen kleinen Eizellen, die anfangs mit dabei waren, wird (normalerweise) nur eine einzige ausgewählt. Nur sie darf weiterwachsen, heranreifen und schließlich den Sprung ins große Abenteuer wagen. Sie wird sozusagen zur „Königin" gewählt.

Alle anderen haben ihre Rolle bereits erfüllt, sie treten von der Bühne ab und bilden sich zurück. Das Bläschen mit der auserwählten Eizelle aber wird nun jeden Tag größer. Je mehr es heranwächst, umso mehr Östrogen-Freundinnen entstehen. Jeden Tag stürmen immer mehr aus der Hülle, um bei den Vorbereitungen auf der Bühne des Lebens mitzuhelfen.

Gebärmutterhotel: Rohbau für die Luxus-Kuschelecken

Mit der Menstruationsblutung am Zyklusanfang ist die oberste Schicht der Gebärmutterschleimhaut abgeblutet. Nun, wenige Tage später, bringen die Östrogen-Freundinnen die aufregende Neuigkeit, dass bald eine Eizelle reif sein und – wenn alles gut geht – ihren Sprung wagen wird. Damit besteht erneut die Chance, dass sich ein kleiner Gast ins Gebär-

+++ **FAKT** +++

Wie es dazu kommt, dass von den 20 bis 25 Eizellen eine bestimmte ausgewählt wird, ist bis heute ein Geheimnis der Natur. Bei zweieiigen Zwillingen ist etwas ganz Besonderes geschehen: Da waren zwei Eizellen so herausragend, dass sich der Körper nicht entscheiden konnte, wem er den Vorzug geben sollte.

mutterhotel einnisten könnte. Sofort macht man sich an die Arbeit: Unter der Leitung der Östrogene wird die oberste Schicht der Gebärmutterschleimhaut neu aufgebaut: Wände und Decken werden eingezogen, Türen gesetzt und Böden verlegt. So wird zunächst einmal der Rohbau für die Kuschelecken fertiggestellt.

Die Östrogen-Freundinnen erstellen den Rohbau für die Luxus-Kuschelecken: Die oberste Schicht der Gebärmutterschleimhaut, die bei der Monatsblutung abgeblutet ist, wird wieder neu aufgebaut.

Gebärmutterhals: Die Produktion von Zaubertrank läuft an

Wenn die Gleichung des Lebens Wirklichkeit werden und ein neuer Mensch entstehen soll, muss nicht nur eine Eizelle im Eierstock heranreifen, auch die Spermienzellen müssen hereingelassen werden. Sobald die Östrogene den Gebärmutterhals (Zervix) erreichen, ist es auch dort mit der Ruhe vorbei: In den Wellnesscentern wird die neue Saison eröffnet. Zunächst wird der Schleimpfropf, der den Muttermund verschließt, entfernt. Dann beginnt die Produktion des Zaubertranks. Je mehr Östrogen-Freundinnen eintreffen, umso intensiver laufen die Vorbereitungen für Schlemmermenüs, Verwöhn- und Fitnessprogramme. War der Zervixschleim anfangs noch ziemlich eingedickt, etwas klebrig, zäh oder klumpig, eher weißlich oder gelblich, so wird seine Qualität in den folgenden Tagen immer besser. Große Mengen Wasser werden herbeigeschafft und darunter gemischt. Dadurch wird er immer klarer, durchsichtiger, flüssiger und wässriger. Mehr und mehr Zervixschleim quillt aus dem Muttermund und fließt die Scheide hinunter, dorthin, wo du ihn fühlen, spüren und sehen kannst.

Muttermund: Das Tor zum Leben öffnet sich

Die Östrogene sorgen dafür, dass der Muttermund sich nun immer weiter öffnet. Außerdem wird er intensiver durchblutet, sodass er sich viel weicher und geschmeidiger anfühlt. Die Haltebänder der Gebärmutter werden etwas straffer, und der Muttermund steigt bei manchen Frauen weiter nach oben.

Chefetage: Die Eisprungshelfer bereiten ihren Einsatz vor

Die Östrogen-Freundinnen gelangen auf den Blutbahnen natürlich auch zu den Chefinnen im Gehirn. Anfangs sind es nur wenige, aber je weiter die Eireifung voranschreitet, umso mehr werden es. Die Bitte, die sie dort oben vorbringen, ist immer die gleiche:

„Unten im Eierstock ist die Eizelle bald reif und bereitet sich auf ihren Sprung ins große Abenteuer vor. Bald ist es so weit, dann brauchen wir eure Hilfe!" Denn die Eizelle schafft ihren Sprung nicht aus eigener Kraft. Für dieses große Ereignis wird extra ein Spezialkommando aus der Chefetage, genauer gesagt aus der Hirnanhangsdrüse, eingeflogen. Dabei handelt es sich um Eisprungshelfer, die auch Luteinisierendes Hormon (LH) genannt werden.

> **+++ FAKT +++**
> Nur wenn die Östrogene für einen gewissen Zeitraum eine bestimmte, sehr hohe Konzentration im Blut erreichen, wird aus der Hirnanhangsdrüse das Luteinisierende Hormon freigegeben, das dann etwa neun bis 24 Stunden später den Eisprung auslöst.

Der Sprung ins große Abenteuer

Unten im Eierstock ist das Eibläschen inzwischen ausgereift, „sprungreif", wie man sagt. Es hat einen Durchmesser von etwa zwei bis drei Zentimetern. Die Königin im Inneren ist nun „erwachsen" und fühlt sich gerüstet für das bevorstehende Abenteuer. Die fingerförmigen Enden des Eileiters haben sich inzwischen genau über jene Stelle gelegt, an der sich das Eibläschen am Eierstock vorwölbt. Wenn die Hülle platzt, werden sie das Ei sanft auffangen und in die trichterförmige Öffnung gleiten lassen, damit es nicht in der Tiefe des Bauchraums für immer verloren geht.

Währenddessen bestürmt eine lebhafte Schar von Östrogen-Hormonen die Chefinnen. So viele waren es noch nie in diesem Zyklus. Und wie es oft so geht im Leben: Wer lange genug bettelt und laut genug schreit, erreicht irgendwann sein Ziel. Der Einsatzbefehl für das schon wartende Spezialkommando wird schließlich erteilt.

Die Eisprungshelfer LH aus der Hirnanhangsdrüse stürmen los in Richtung Eierstock. In den folgenden Stunden zerreißt mit ihrer Hilfe die Schutzhülle des Eibläschens. Die Flüssigkeit wird hinausgeschleudert, die kostbare Eizelle hingegen wird im Eileiter – hoffentlich wohlbehalten – ankommen. Was sie dann erwartet, weiß sie noch nicht. Wird sie einer Spermienzelle begegnen, oder ist ihr Leben bald zu Ende?

Die Östrogene haben ihren Job fürs Erste erfolgreich erledigt. Sie ziehen sich aus den verschiedenen Einsatzorten (Gebärmutter, Zervixschleimdrüsen etc.) zurück und legen eine wohlverdiente Pause ein. Im Eierstock bleibt das leere Eibläschen zurück, das nach dem Eisprung in sich zusammenfällt und manchmal ein wenig blutet. Nun könnte man meinen, dass dort Ruhe einkehrt. Die Eizelle ist fort, die Arbeit damit zu Ende. Aber dem ist nicht so. Mit dem Eisprung ist lediglich der erste Akt der Zyklusshow vorüber, der Schauplatz Eierstock hat auch im zweiten Akt noch viel zu bieten.

Vor dem Eisprung legen sich die Fransen des Eileiters über den Eierstock – genau über das reife Eibläschen, um die Eizelle bei ihrem Sprung sicher aufzufangen.

> **+++ FAKT +++**
>
> *Die Östrogene haben noch eine weitere Aufgabe. Neueren Erkenntnissen zufolge sind sie es, die in der Gebärmutter gleichmäßige Muskelkontraktionen auslösen und so einen Sog bewirken, wodurch kleine Spermienpakete wie in einer Art Aufzug vom Muttermund nach oben transportiert werden können. Zusätzlich werden auf der Seite, auf der die Eizelle ausgewählt wurde und nun ein großes Eibläschen heranwächst, sehr viele Östrogene gebildet, die über einen direkten Blutweg die zarten Muskeln an der Eileitermündung aktivieren, um so eventuell vorhandene Spermien in den richtigen Eileiter zu lenken.*

Der zweite Akt der Zyklusshow – das Servicecenter wird aktiv

Jetzt kommt Farbe auf die Bühne. Das leere Eibläschen verwandelt sich und wird zum Gelbkörper (Corpus luteum). Der heißt so, weil den Ärzten früher immer wieder die gelbe Farbe auffiel, als sie die Eierstöcke der Frau untersuchten.

Etwas einfallslos, aber damals wusste man noch nicht, womit man es genau zu tun hatte. Heute würde er mit Sicherheit „Servicecenter" heißen.

Und das Personal in diesem Center? Ein paar Östrogen-Freundinnen dürfen auch im zweiten Akt der Zyklusshow nicht fehlen. Sie sorgen weiterhin für das Wohlergehen der Frau, treten aber nicht mehr groß in Erscheinung. Die Szene wird nun klar beherrscht vom Botenstoff Progesteron, einem weiteren Hormon im weiblichen Körper.

Das ist ein erstklassig ausgebildetes Team, ein professioneller Partyservice, der jetzt sehr umsichtig den Körper der Frau auf eine mögliche Schwangerschaft vorbereitet – ganz gleich, ob es dazu kommt oder nicht.

Denn nach ihrem Sprung aus dem Eierstock ist bekanntlich der Funkkontakt abgebrochen. Der frischgebackene Gelbkörper weiß zu diesem Zeitpunkt nicht, wie es der Eizelle weiter erging. Ist sie auf eine Spermienzelle getroffen oder alleine geblieben, nach ihrer kurzen Lebenszeit müde geworden und verkümmert? Aber wer den Gelbkörper kennt, weiß, das ist ein eingefleischter Optimist.

> +++ **FAKT** +++
>
> *Die erste Zyklusphase hat viele Namen. Sie wird Eireifungsphase, Eibläschenreifungsphase, Follikelphase, Östrogen-Phase oder Aufbauphase genannt. Sie dauert vom ersten Tag der Menstruationsblutung bis zum Eisprung.*

Deshalb geht er zunächst einmal davon aus, dass die große Begegnung zwischen Ei- und Spermienzelle tatsächlich stattgefunden hat und nun ein neues Leben auf dem Weg zur Gebärmutter ist. Dann gibt es jetzt viel zu tun für das Progesteron-Team.

Gebärmutterhotel: Inneneinrichtung der Luxussuiten

Stell dir mal folgende Situation vor: Falls die Eizelle befruchtet wurde, befindet sich ein kleiner Gast vielleicht gerade im Eileiter in Richtung Gebärmutter, um sich dort ein kuscheliges Plätzchen zu suchen. Doch, wie sieht es da noch aus? Noch alles im Rohbau! Die Räume in der obersten Hoteletage sind völlig kahl und wenig einladend. Da wartet viel Arbeit auf die Innenarchitekten aus dem Progesteron-Team. Auf ihre Anweisung hin sprießen in die oberste Schleimhautschicht nun viele kleine Blutgefäße ein, Drüsen entwickeln sich, und es werden überall wertvolle Nährstoffe eingelagert: Zucker,

Eiweiß, Vitamine, Abwehrstoffe. Das Progesteron wird nicht müde, Kissen und Decken herbei zu schleppen und auszubreiten. Eine gute Woche nach dem Eisprung, also mitten in der zweiten Zyklusphase, ist es dann so weit. Ein kleiner Gast könnte sich einen Platz suchen und es sich in der nun luxuriös ausgestatteten Gebärmutterschleimhaut bequem machen.

Saison zu Ende – kein Zaubertrank mehr

Kurze Zeit vor dem Eisprung hatten die Östrogene ihre Aufgabe in den Wellnesscentern des Gebärmutterhalses beendet und waren abgereist. Wenn nun das Progesteron-Team dort auftaucht, ist die Saison endgültig vorüber. Die Drüseneinheiten werden komplett geschlossen, und das Progesteron-Team achtet darauf, dass kein Zaubertrank mehr angeboten wird. War am Tag zuvor vielleicht noch glasklarer, flüssiger Zervixschleim in langen Fäden aus dem Muttermund geflossen, so ist von einem Tag auf den anderen damit Schluss.

Für die nächste Zeit dichtet wieder ein zäher Schleimpfropfen den Eingang zur Gebärmutter ab – noch fester und undurchdringlicher als am Zyklusbeginn.

Dem Progesteron-Team bleibt nach dem Eisprung noch etwa eine Woche, um die Gebärmutterschleimhaut mit Nährstoffen und „Babysachen" auszustatten.

Das Tor zum Leben wird verschlossen

Auch die Öffnung des Muttermunds wird wieder kleiner, das Tor zum Leben wird verschlossen. Was hier geschieht, ist völlig nachvollziehbar: Bis zum Zyklusende wird keine Eizelle mehr oben im Eileiter warten, eine Reise der Spermienzellen dort hinauf wäre also sinnlos. Außerdem muss der Muttermund fest zu sein, damit – falls ein Baby da ist – dieses nicht herausfällt.

In jeder zweiten Zyklusphase werden die Brustdrüsen durch das Progesteron auf eine mögliche Milchbildung vorbereitet.

Veränderungen der Brust – Milch fürs Baby

Aber das ist noch nicht alles. Es grenzt schon fast an Übereifer, was das Progesteron-Team noch alles unternimmt. Natürlich braucht das Baby, sobald es auf der Welt ist, die Brust seiner Mutter. Es muss alles vorbereitet werden, damit der Säugling gleich gestillt werden kann. Wozu aber so früh schon diese Hektik? Obwohl noch gar nicht klar ist, ob überhaupt die Notwendigkeit bestehen wird, laufen in jedem zweiten Akt der Zyklusshow die ersten Vorbereitungen zur Milchbildung an. In jeder zweiten Zyklusphase, immer wenn der Gelbkörper nach dem Eisprung sein Progesteron-Team ausschickt, sprießen neue Blutgefäße in die Brust ein, wird sie stärker durchblutet und werden zusätzliche Milchdrüsen ausgebildet.

Temperaturanstieg – das Progesteron-Team heizt ein

Dazu kommt eine weitere recht merkwürdige Veränderung. Es geht um das Heizkraftwerk, das für die richtige Körpertemperatur des Menschen zuständig ist. Wie alle wichtigen Zentralen sitzt es im Gehirn, es wird Temperaturregulationszentrum genannt.

Tatsache ist, dass die Körpertemperatur einer Frau in der ersten Zyklusphase etwas niedriger ist. Sie liegt etwa bei 36,5 °C und steigt dann, um die Zeit des Eisprungs herum, etwas höher auf etwa 37 °C. Verantwortlich dafür ist das Progesteron-Team aus dem Gelbkörper. Sobald es das Heizkraftwerk aktiviert, wird es um etwa ein halbes Grad

+++ **FAKT** +++

Auch die zweite Zyklusphase hat viele Namen. Sie wird Gelbkörperphase, Lutealphase, Corpus-Luteum-Phase, Progesteronphase oder Sekretionsphase genannt. Sie dauert vom Eisprung bis zum letzten Tag vor der neuen Blutung.

Celsius wärmer im Körper der Frau. Diese Temperatur bleibt dann bis zum Zyklusende, oder, wenn wirklich eine Schwangerschaft eingetreten ist, noch während einiger Monate weiterhin erhöht.

Für die Chefinnen gilt das Stillhalteabkommen

Schließlich gibt das Progesteron-Team auch oben in der Chefetage bei Hypothalamus und Hypophyse Bescheid, dass jetzt die Vorbereitungen für eine mögliche Schwangerschaft überall auf Hochtouren laufen. Es versteht sich von selbst, dass diese Vorbereitungen nicht durch andere Aktivitäten oder Einfälle der Regie gestört werden dürfen. Deshalb wird ein „Stillhalteabkommen" geschlossen, ein strenges Gesetz, das niemals übertreten werden darf. Es besagt Folgendes: Solange der Gelbkörper arbeitet und das Progesteron-Team die einzelnen Körperorgane für den Fall einer Schwangerschaft vorbereitet, so lange muss Ruhe herrschen im Eierstock.

Deshalb dürfen auch keine Frühlingsboten aus der Chefetage schlafende Eizellen kitzeln und zum Wachsen anregen, deshalb wird es während dieser Zeit auch keinen neuen Eisprung geben. Es darf also zu keinen weiteren Handlungen kommen, bis geklärt ist, ob Eizelle und Spermienzelle sich gefunden haben oder nicht.

> +++ **FAKT** +++
>
> Das Stillhalteabkommen heißt mit dem biologischen Fachbegriff „negativer Rückkopplungsmechanismus des hormonellen Regelkreises" und ist ein komplexer physiologischer Mechanismus, der sicherstellt, dass nach einer möglichen Befruchtung keine weitere mehr stattfindet.

Absolut unfruchtbar

Da im zweiten Akt der Zyklusshow, in der Phase nach dem Eisprung, wenn das Progesteron-Team unterwegs ist,
- der Muttermund dicht ist,
- die Spermien ohne Zaubertrank nicht überleben können,
- durch das Stillhalteabkommen keine weiteren Eizellen mehr heranreifen und damit kein weiterer Eisprung mehr stattfindet,

kann „frau" in dieser zweiten Zyklusphase auch nicht (mehr) schwanger werden.
Die Phase nach dem Eisprung nennt man daher auch „die absolut unfruchtbare Zyklusphase"!

Das große und das kleine Finale

Und wie geht die Geschichte aus? Es gibt zwei verschiedene Schlussszenarien, ein großes und ein kleines Finale.

Das große Finale gibt es heute nur mehr selten zu sehen, obwohl alles darauf hindeutet, dass es ursprünglich als Ende der Show vorgesehen war.

Wenn Ei- und Spermienzelle zusammenfinden und verschmelzen, ein neues Leben entsteht, wenn sich der Embryo glücklich im Gebärmutterhotel einnistet, der Funkkontakt damit wiederhergestellt ist und der Mutter eine erste Liebesbotschaft geschickt wird, wenn das Baby heranwächst und neun Monate später das Licht der Welt erblickt – dann ist das das große Finale der Zyklusshow.

Meistens ist die Situation im Körper der Frau jedoch ganz anders, weil die Spermienzellen bei der Zyklusshow nämlich gar nicht auftreten, und Ei- und Spermienzelle nicht aufeinandertreffen können. Das Gebärmutterhotel bleibt leer. Keine Botenstoffe (HCG) werden

Die Geburt eines Kindes – das große Finale der Zyklusshow.

den Körper der Frau von der Ankunft eines Kindes informieren.

Auf diese Nachricht hätten jedoch alle gewartet, vor allem der Gelbkörper, der nach dem Eisprung eine Woche lang alles so professionell vorbereitet hatte.

Nun bleibt sein Briefkasten leer, es kommt kein Liebesbrief, auch keine SMS und keine E-Mail. Schließlich wird dem Gelbkörper klar: „Gut, das war wohl nichts in diesem Zyklus, vielleicht beim nächsten Mal …"

Rückzug in Ehren – Chance auf ein neues Glück

In den nächsten Tagen ruft der Gelbkörper das Progesteron-Team von den verschiedenen Einsatzorten zurück. Der Partyservice hat einen hervorragenden Job gemacht, jetzt wird er nicht mehr gebraucht. So stellt der Gelbkörper, der Hauptakteur dieser zweiten Zyklusphase, etwa zehn bis 16 Tage nach dem Eisprung seine Hormonproduktion ein und tritt von der Bühne ab.

Auch in der Gebärmutter hat das Konsequenzen. Dem Progesteron-Team hätte es hier zwar noch länger gefallen, aber warum der Vergangenheit nachhängen: Der Zukunft gehört das Leben! Nur für den, der jetzt zügig die Bühne verlässt, stehen die Chancen gut, bald wieder engagiert zu werden. Deshalb nehmen sie Abschied und ziehen sich aus dem Gebärmutterhotel zurück.

Was geschieht nun mit dem ganzen Luxus? Wie es sich für ein exklusives 5-Sterne-Hotel gehört, gilt auch in der Gebärmutter das Privileg, dass nichts, was einmal für einen Gast vorbereitet wurde, einem anderen erneut vorgesetzt werden darf. Jeder Gast bekommt selbstverständlich alles frisch, alles neu, alles individuell. Wenn also jeden Monat die oberste Schleimhautschicht der Gebärmutter, die frischen, unverbrauchten, reich ausgestatteten Luxussuiten mit dem Blut aus dem Körper fließen, dann ist es das kleine Finale der Zyklusshow – unsere Menstruationsblutung.

> +++ **FAKT** +++
> Könnte die Schleimhaut nicht jeden Monat abbluten, würde sie mit der Zeit immer dicker und höher werden – jeden Monat eine neue Schicht oben drauf. Bald wäre die gesamte Gebärmutterhöhle ausgefüllt und kein Platz mehr für einen Gast, für den dieses Hotel ja schließlich errichtet wurde.

Wenn der Gelbkörper vergeblich auf eine Nachricht wartet, dann zieht er sein Progesteron-Team aus dem Körper zurück – es kommt zum kleinen Finale!

> +++ **FAKT** +++
> Das Blut kann man sich als eine Art Transportmittel vorstellen, mit dem alle ungebrauchten Nährstoffe ausgeschwemmt werden.

1. *Chefetage (Gehirn) schickt Frühlingsboten (FSH) zum Eierstock.*

2. *Eizellen werden aufgeweckt, Eibläschen mit Östrogenen entwickeln sich.*

3. *Östrogene bauen die Gebärmutterschleimhaut auf.*

4. *Östrogene eröffnen die Saison an den Zervixdrüsen: Zaubertrank wird gebildet.*

5. *In den Tagen vor und um den Eisprung können die Spermien im Zervixschleim überleben – gute Zeiten!*

6. *Chefetage schickt Eisprungshelfer (LH) zum Eierstock.*

7. *Der Eisprung*

8. *Der Gelbkörper ist aktiv und bildet Progesteron.*

9. *Im Gehirn wird das Stillhalteabkommen mit Progesteron beschlossen.*

10. *Das Progesteron sorgt für die Luxusausstattung der Gebärmutterschleimhaut.*

11. *Progesteron beendet die Saison an den Zervixdrüsen: kein Zaubertrank mehr im Angebot.*

12. *Durch das Progesteron steigt die Körpertemperatur um etwa ein halbes Grad Celsius an.*

13. *In der zweiten Zyklusphase ist der Muttermund dicht: schlechte Zeiten für die Spermien.*

Eireifungsphase unterschiedlich lange

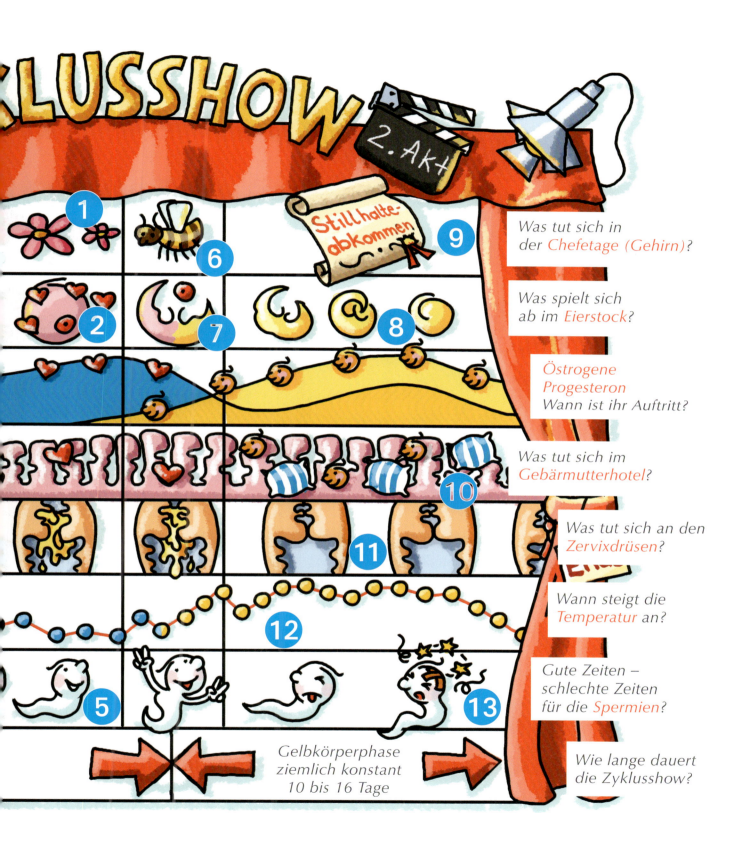

5 Die Pubertät und die Premiere der Zyklusshow

Die Chefetagen Hypothalamus und Hypophyse sind die Schaltzentrale für zahlreiche Vorgänge in unserem Körper. Negative und positive Reize aus der Umwelt können sie beeinflussen.

Höheres Management in der Chefetage

Es ist noch nicht alles gesagt in Sachen Zyklusshow! Der Auftritt der Chefinnen in unserem Gehirn war eindeutig zu kurz. Sie sind nämlich weitaus stärker am Gelingen des Ganzen beteiligt, als man vermutet. Die Abteilung Zyklusshow ist nur eine von vielen Verantwortungsbereichen des höheren Managements. Hypothalamus und Hypophyse sind gemeinsam auch zuständig für Körperwachstum und geistige Reifung, für Atmung, für Herz- und Kreislaufregulation.

Dort gibt es eine Abteilung für die Organisation aller Stoffwechselvorgänge, für Niere, Salz- und Wasserhaushalt, für Ernährung und Verdauung – und noch vieles mehr.

Zur alltäglichen Routine, die schon anspruchsvoll genug ist, kommt hinzu, dass speziell im Hypothalamus ununterbrochen Nachrichten von außen eintreffen, Erfolgsmeldungen und Hiobsbotschaften. Auch darauf muss schnell reagiert werden.

Die Abteilung Zyklusshow wird eröffnet – die Pubertät beginnt

Irgendwann im Leben eines jungen Mädchens ist es so weit, mit neun, mit zehn oder mit elf Jahren, da läuft es recht gut in Hypothalamus und Hypophyse. Die Teams in den einzelnen Abteilungen sind eingespielt, der Stoffwechsel läuft harmonisch, das Körpergewicht stimmt, das Wachstum ist altersgemäß. Alles in bester Ordnung! Wenn die Grundlagen geschaffen sind, dann kann man sich auch mal den schönen Dingen des Lebens zuwenden und sich ein wenig Gedanken um die Zukunft machen. Das ist vermutlich der Zeitpunkt, an dem die Chefinnen beschließen: „Jetzt bist du groß, reif und stark genug, jetzt kann die Pubertät beginnen." Wenn die für die Zyklusshow zuständige Abteilung ihre Arbeit aufnimmt, erhält der Körper zum allerersten Mal die Botschaft: Es könnte sein, es kommt vielleicht ein ganz besonderer Gast – bitte alles vorbereiten! Daraufhin werden zum allerersten Mal Frühlingsboten zu den beiden Eierstöcken geschickt, wo 400 000 Eizellen im Winterschlaf liegen. Wenn die Frühlingsboten, das Follikelstimulierende Hormon, dort unten ankommen, kitzeln sie mal ein paar Eizellen an der Nase. Es dauert einige Zeit, bis die trägen Schlafmützen aufwachen und sich zu Aktivitäten überreden lassen. Früher oder später merken sie aber, welch spannendes Leben sie erwartet.

Östrogene verwandeln ein Mädchen zur Frau

Der Beginn einer langen Freundschaft
Die ersten Eibläschen beginnen nun zu wachsen, und auf ihrer Hülle entstehen die ersten Östrogenfreundinnen. Bald darauf schwärmen sie zum ersten Mal in deinem Körper aus und verwandeln dich mit viel Gespür und Fantasie von einem Mädchen in eine Frau.

> +++ **FAKT** +++
>
> *In der Pubertät werden nicht nur weibliche, sondern auch männliche Hormone vermehrt gebildet. Sie sind es auch, die Schweiß-, Talg und Duftdrüsen aktivieren. Das merkst du daran, dass deine Haare fettiger werden, du öfters duschen musst und du manchmal Pickel bekommst.*

Scham- und Achselhaare sprießen
Bei den meisten Mädchen fangen zwischen dem zehnten und elften Lebensjahr die Haare im Intimbereich zu wachsen an, die Schambehaarung. Die Natur hat die Schambehaarung am Scheideneingang als zusätzlichen Schutz für die kostbare Bühne des Lebens vorgesehen, wodurch gröberer Schmutz abgefangen werden kann.
Erst in den nächsten Jahren werden sie dunkler, fester und immer stärker gekräuselt. Auf dem Venushügel entsteht allmählich das typisch weibliche Haardreieck, waagrecht begrenzt. Die Haare wachsen nicht, wie beim Mann, weiter nach oben bis zum Bauchnabel. Das Wachsen der Achselbehaarung beginnt erst etwa ein Jahr nach der Schambehaarung.

Es beginnt mit einer kleinen Perle – Brustentwicklung
Ungefähr gleichzeitig mit dem Einsetzen der ersten Schambehaarung beginnen auch die Östrogenfreundinnen mit der Brustentwicklung. Zuerst kann man unter jeder Brustwarze eine kleine Perle tasten, die von Tag zu Tag ein wenig größer wird, sich schließlich wie

ein rundes, weiches Kissen anfühlt, manchmal kribbelt, aber auch richtig wehtun kann, wenn man sich unachtsam anstößt. Denn die sogenannte Brustdrüse, in der später einmal die beste Babynahrung der Welt entstehen soll, ist anfangs ähnlich empfindlich wie ein kostbares Porzellan, das unbedingt gut verpackt werden muss, um nicht Schaden zu nehmen. Das schützende Fettgewebe drum herum, die Verpackung also, bildet sich bei der Brustentwicklung jedoch erst etwas später. Da gibt es Frauen mit viel Verpackung, sie haben eine größere Brust, und Frauen mit wenig Verpackung, sie haben dann kleinere Brüste. Hier legen die Östrogenfreundinnen sehr viel Wert auf eine individuelle Note! Weil sie immer alles gemeinsam erledigen wollen, kann es schon mal passieren, dass die eine Brust zunächst stärker wächst als die andere. Kein Grund zur Beunruhigung, denn das gleicht sich später wieder aus. Allmählich werden auch die Brustwarzen und der sie umgebende Warzenvorhof größer und dunkler. Die Brustentwicklung ist oft erst um das 17. Lebensjahr beendet.

Wie Künstlerinnen formen sie deinen Körper

Mit der Pubertät verändern sich die Körperformen, sie werden typisch weiblich. Die Taille wird schmaler, die Hüften breiter, der Po ein bisschen runder. Die Schamlippen, auch Venuslippen genannt, vergrößern sich ebenfalls und wachsen ganz unterschiedlich. Manchmal sind die inneren Schamlippen etwas größer als die äußeren, auch das ist ganz normal. Die Haut im Intimbereich färbt sich

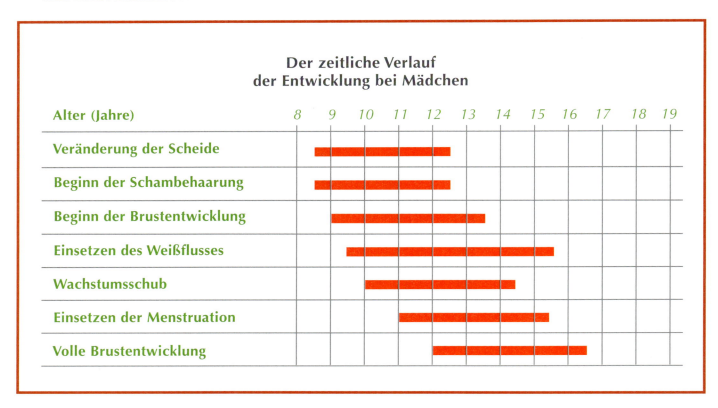

dunkler. Die Gebärmutter und die Scheide wachsen. Du wirst noch ein paar Kilo zunehmen und um zehn bis zwanzig Zentimeter wachsen. Dieser Schub beginnt meist kurz nach Beginn der Brustentwicklung. Für das Einsetzen der ersten Blutung ist ein bestimmtes Mindestgewicht notwendig, ein zu geringes Körpergewicht kann also auch ein Grund für das Ausbleiben der ersten Periode sein.

Im ganzen Körper sind die Östrogen-Künstlerinnen liebevoll am Werk und gestalten dich zur Frau. Sie werden, wie es die besten und treuesten Freundinnen tun, von jetzt an jahrzehntelang für dich Sorge tragen. Sie werden deine Knochen härten und widerstandsfähig halten. Sie werden deine Blutgefäße vor gefährlichen Ablagerungen schützen, sie werden dein Haar glänzend, deine Nägel fest, deine Haut duftend und deine Schleimhäute geschmeidig machen. Sie werden dir ein unverwechselbares, einzigartiges Aussehen verleihen.

Kein Kind und noch keine Frau! Das Auf und Ab der Gefühle

Du kennst den Zustand – oder wirst ihn bald kennenlernen. In den Jahren, in denen die Zyklusshow in deinem Körper einstudiert wird, geht einiges drunter und drüber in deinem Leben. Nichts ist mehr, wie es war. Nicht nur dein Körper verändert sich, auch dein Herz und deine Seele entdecken eine neue Welt. Es ist eine große Umstellung, wenn plötzlich die Östrogen-Freundinnen auch im Gehirn, dort, wo deine Stimmungen und Gefühle entstehen, auftauchen, sich von nun an überall einmischen und alles völlig auf den Kopf stellen. Auch wenn sie nur dein Bestes wollen, du musst dich vermutlich erst an sie gewöhnen.

Sie lassen dich zum ersten Mal eine tiefe Sehnsucht nach Zärtlichkeit erleben, wecken in dir Lust und schenken dir das herrliche Gefühl von Verliebtheit. Sie sind es aber auch, die dich zu anderen Zeiten eine Traurigkeit spüren lassen. Dann bist du am Boden zer-

Lange vor der ersten Blutung sind die Östrogen-Freundinnen wie Künstlerinnen am Werk und verwandeln den Körper des Mädchens in den einer jungen Frau.

stört, dein Leben erscheint dir grau und sinnlos. Diese Zeit der Veränderung mag dir oft schwierig erscheinen, aber habe einfach Vertrauen zu dir, halte zu dir, sei geduldig und verständnisvoll mit dir.

Wenn die Östrogen-Freundinnen in dein Leben getreten sind, wirst du nicht mehr länger wie ein Kind fühlen und empfinden, sondern wie eine Frau. Sie werden dich nun über viele Jahre hinweg begleiten und eine Menge dazu beitragen, dass du dich wohlfühlst in deiner Haut.

Veränderungen auf der Bühne des Lebens

Der erste Rohbau des Gebärmutterhotels

Wie ist das nun? Gehen die Östrogenfreundinnen jetzt schon, zu Beginn der Pubertät, an deine Gebärmutterschleimhaut, um dort mit dem Rohbau für die Luxussuiten zu beginnen? Du denkst wahrscheinlich: „Nein, das ist noch viel zu früh, ich will ja noch kein Kind und hab noch nicht mal meine Tage!" Aber – auch wenn du es kaum glauben kannst – sie tun es wirklich! Denn sobald deine Pubertät beginnt, beginnt auch die erste Vorbereitung auf einen besonderen Gast. Das ist bereits dein erster Zyklus, der allerdings sehr lange dauert, denn es ist alles neu, fremd und ungewohnt, und die Östrogenfreundinnen haben noch keinerlei Übung bei der Vorbereitung und kennen sich nicht aus. Außerdem müssen sie deinen Körper erst einmal in den einer Frau verwandeln. Das braucht Zeit. Was später einmal – mit einem eingespielten Team – in zwei bis drei Wochen zu erledigen ist, braucht beim ersten Mal zwei bis drei Jahre – genau genommen vom Beginn der Pubertät bis zur ersten Periode.

Das Wellnesscenter wird eröffnet

Im Zuge dieser ersten Vorbereitung gelangen die Östrogene natürlich auch an den Gebärmutterhals. Dort wird nun für die erste Saison das Fitness- und Wellnesscenter eröffnet: Der Schleimpfropf, der den Muttermund die ganze Kindheit über verschlossen hatte, wird nun erstmals entfernt. Langsam beginnen – unter der Anweisung der Östrogene – die Zervixdrüsen mit der Bereitstellung des Zaubertranks.

Viele Mädchen, die diesen Geheimcode ihres Körpers nicht kennen, machen sich dann Sorgen. Sie bemerken eines Tages einen seltsamen, weißlichen oder gelblichen Schleim in ihrer Wäsche. Oder, wenn sie sich nach der Toilette abwischen, dann „flutscht" das Toilettenpapier plötzlich über den Scheideneingang, als ob sie eingeölt wären. Auf dem Toilettenpapier sehen sie einen weißlichen, manchmal auch richtig durchsichtigen, glitschigen Schleim, der rohem Eiweiß ähnelt. Wer nicht weiß, was das zu bedeuten hat, ist zunächst ziemlich verunsichert.

Manche sind mutig und fragen die Mutter, die Freundin oder die ältere Schwester, was das Ganze soll. Meist hören sie dann, das sei jetzt in der Pubertät „normal". Andere bekommen etwas genauer erklärt, dass es sich um den Weißfluss handelt, den alle Mädchen vor ihrer ersten Periode haben. Es kommt immer wieder vor, dass besorgte Mütter mit ihren Töchtern in dieser Zeit zum ersten Mal zum Frauenarzt gehen, weil sie fürchten, dieser „Ausfluss" könnte krankhaft sein. Dich kann das nicht mehr beunruhigen. Wenn du, noch lange vor deiner ersten Blutung, einen weißlichen, dickflüssigen, später auch glasigen, dehnbaren Schleim aus deiner Scheide bemerkst, weißt du:

- Jetzt haben die Chefinnen die Zyklusshow eröffnet,

- in meinen Eierstöcken wachsen die ersten Eizellen heran,
- meine besten Freundinnen, die Östrogene, sind bereits ausgeschwärmt, sie kümmern sich um mich und verwandeln mich von einem Mädchen in eine Frau,
- die Gebärmutterschleimhaut wird zum ersten Mal aufgebaut,
- und am Gebärmutterhals wird zum ersten Mal der Zaubertrank gemixt, der unendlich wichtig ist für die Entstehung neuen Lebens,
- ohne diesen Zaubertrank gäbe es mich gar nicht.
- Ich bin nicht krank, im Gegenteil, mit mir ist alles in bester Ordnung!

Nur kein Hygienedrama aus dem Weißfluss machen! Er ist ein Zeichen deiner Gesundheit. Ganz normal waschen und Unterwäsche wechseln genügt.

Wenn der Weißfluss zum ersten Mal auftritt, dauert es bis zur Premiere, der ersten Blutung, zwar oft noch Monate, manchmal auch mehr als ein Jahr, aber an den Veränderungen kannst du sehen, ob es bald soweit ist: Wenn der Zervixschleim mit der Zeit immer häufiger da ist, immer öfter glasig und durchsichtig wird, dünnflüssiger, sich dehnen lässt wie rohes Eiweiß und wenn du dich im Scheidenbereich richtig nass fühlst, dann kann es nicht mehr so lange dauern, bis du das erste Mal deine Tage bekommst, das erste kleine Finale deiner Zyklusshow erleben wirst.

Sandra (12):
Letzte Woche war ich zum ersten Mal bei einer Frauenärztin. Lange vor meiner ersten Periode hatte ich schon so einen komischen weißlichen Ausfluss bekommen, deshalb redete meine Mutter wochenlang auf mich ein, doch mit ihr zum Gynäkologen zu gehen. Zuerst habe ich mich natürlich furchtbar dagegen gewehrt – ich fand es total peinlich –, aber schließlich war ich doch einverstanden. Ich hatte Glück. Es war eine sehr nette Frauenärztin, die mich lediglich ausfragte und mir dann ausführlich die ganze Sache mit dem Zervixschleim erklärte. Da mein Ausfluss ja nicht juckt, nicht brennt und nicht unangenehm riecht und da er mal kommt und mal geht, sei sie sich sicher, sagte sie, dass es sich nur um den Zervixschleim handeln kann.

Die Premiere – deine erste Blutung, die Menarche

Irgendwann ist es so weit: Wenige Wochen vor deiner ersten Blutung kann es sein, dass zum ersten Mal eine Eizelle ausgewählt wird. Etwa zwei Wochen vor deiner ersten Blutung ist sie dann reif, die Königin, und wagt den Sprung ins große Abenteuer, den ersten Eisprung. Falls dies geschehen ist, entsteht der erste Gelbkörper und das Progesteron-Team beginnt mit der Luxusausstattung der Gebärmutterschleimhaut. Dann stehen auch die allerersten Aufräumarbeiten an. Das ist die Zeit für die Premiere, für das erste kleine Finale.

> Mädchen bekommen ihre erste Menstruation immer früher. 1980 bekamen nur 4 % ihre erste Blutung mit elf Jahren oder früher, 2005 waren es bereits 18 %.

Gespräch kommen, merkt man, wie stark sich für die meisten dieser Tag ins Gedächtnis eingeprägt hat, so wie später wohl nur noch die Augenblicke der Geburt ihrer Kinder. Diese Premiere gehört gefeiert!

Es ist aber auch ganz verständlich, wenn dir nach dem vielleicht überraschenden Eintritt deiner Blutung gar nicht nach einem Fest zumute ist, wenn du behutsam mit diesem Ereignis umgehen möchtest. Du spürst genau, dass die erste Blutung in unserer Gesellschaft als etwas sehr Intimes behandelt wird, das man für sich behält. Selbst wenn

> +++ **FAKT** +++
> Nicht immer findet vor der Menarche ein Eisprung statt. Es kann auch sein, dass lediglich „der Rohbau" abblutet, den die Östrogene über Monate hinweg aufgebaut haben. An der Blutung lässt sich das nicht erkennen.

Mehr als einen Blumenstrauß wert – die Geburtsstunde einer jungen Frau

Zum ersten Mal zeigt dir dein Körper mit dem stärksten Zeichen, das ihm zur Verfügung steht, dass er den Wandel vom Mädchen zur Frau vollzogen hat. Du hast nun die Fähigkeit, neues Leben zu schenken.

Die erste Blutung, man nennt sie Menarche, ist ein einzigartiger Augenblick in deinem Leben. Wenn Frauen miteinander darüber ins

> +++ **FAKT** +++
> Kann ein Mädchen bereits vor seiner ersten Blutung schwanger werden? Theoretisch ja! Denn etwa zwei Wochen vor der ersten Periode ist möglicherweise die erste Eizelle im Eileiter und könnte dort befruchtet werden.

[52]

du dich riesig freust, kann es dir peinlich sein, darüber zu sprechen. Du bist verletzlich und hast Angst davor, dumm angeredet zu werden. Lass dich nicht entmutigen! Lass diesen Tag nicht vorübergehen wie jeden anderen auch. Such dir einen Kreis von vertrauten Menschen (Mutter, Tante, Freundin), lass dich dort feiern und aufnehmen in die Gemeinschaft der Frauen.

Am besten überlegst du dir vorher schon, wie du deine „Premierenfeier" gestalten und welche Geschenke du bekommen möchtest.

Vielleicht gehst du mit deiner Familie (oder nur zusammen mit deiner Mutter) schön essen, oder du machst mit deinen Freundinnen eine kleine Party. Vielleicht lässt du dir auch lieber Karten für ein Popkonzert schenken, oder du gehst mit deiner Mutter einkaufen und suchst dir schicke Klamotten aus, die sie dir sonst nie kaufen würde. Es ist ein guter Zeitpunkt, um auch nach außen zu zeigen, welche Veränderung gerade in dir vorgeht.

Es gibt eine Reihe von symbolischen Geschenken, die zu diesem Anlass sehr gut passen: Ein Rosenstrauch, wenn ihr einen Garten habt, ein Veilchen, ein Armreif oder ein Ring. Schön wäre es, darin auch das Datum der ersten Menstruation eingravieren zu lassen. Überleg dir selbst, welches Geschenk dir am besten gefällt, und besprich es mit deiner Mutter.

Keine Panik: Du weißt Bescheid, wenn's losgeht

Viele Mädchen befürchten, dass sie ihre erste Blutung in einem ganz ungünstigen Moment überrascht, im Schwimmbad, im Restaurant oder im Urlaub. Sie stellen sich vor, es wäre dann alles voller Blut, und jeder könnte es sehen. Aber keine Sorge! Bei den meisten Mädchen beginnt die Blutung ganz leicht, oft ist nur ein bräunlicher Schimmer auf dem Toilettenpapier zu sehen. Wenn du keine Binde zur Hand hast, ist das auch kein Drama: Papiertaschentücher oder Toilettenpapier tun es für den Anfang genauso. Ganz selten kommt es vor, dass gleich zu Beginn viel Blut aus der Scheide fließt.

> +++ **FAKT** +++
>
> Es gibt eine seltene, vererbliche Blutgerinnungsstörung, das sog. Von-Willebrand-Syndrom. Häufig tritt es erst in Erscheinung, wenn Mädchen zum ersten Mal ihre Tage bekommen. Wenn die erste Blutung ausgesprochen heftig beginnt und lange dauert, sollte man zumindest daran denken, vor allem dann, wenn auch die Mutter gewöhnlich sehr starke und lange Blutungen hat.

> +++ **FAKT** +++
>
> Wegen der ersten Menstruation braucht kein Mädchen zum Frauenarzt zu gehen, das ist keine Krankheit! Wenn die Menarche allerdings mit 16 noch nicht eingesetzt hat, dann ist ein Arztbesuch anzuraten.

Aber auch das ist kein Grund zur Beunruhigung. Ziehe eine Freundin, noch besser eine erwachsene Frau, ins Vertrauen. Sie wird sich ganz bestimmt liebevoll um dich kümmern und Verständnis haben. Falls die Hose doch blutig geworden sein sollte, kannst du dir einen Pullover um die Hüfte binden.

Denke immer daran: Was gerade passiert, ist „der reinste Luxus"! Wenn es möglich ist, dann lass dich von der Schule befreien. Nicht, weil du krank wärst, sondern weil du dich verwöhnen lassen und den Tag feierlich begehen sollst.

Nachdem eine Mädchenklasse erfahren hatte, was die Blutung wirklich bedeutet, fasste sie einen Beschluss: „Wenn ab heute eine von uns zum ersten Mal ihre Tage bekommt, verkündet sie in der Klasse: ‚Alle mal herhören Mädels, ich habe heute meinen Luxus bekommen!' Und falls sie gerade keine Binde dabeihat, fragt sie: ‚Hat jemand von euch Luxusartikel dabei?'"

Sonja (14):
Als ich meine Periode bekam, hatten wir nichts im Haus, weder Binden noch Tampons, denn meine Mutter war schon in den Wechseljahren. Ganz aufgeregt lief sie herum und suchte nach etwas Geeignetem, was sie mir „unterlegen" könnte. Ich kam mir total doof vor. Als mein zehn Jahre älterer Bruder mich in sein Zimmer holte, mir ein ein kleines Glas Sekt einschenkte, mir gratulierte und sagte, wie toll er es fände, jetzt endlich eine große Schwester zu haben, war es mir erst peinlich. Aber irgendwie war ich auch stolz!

Greta (18):
Ich habe meine Periode erst mit 16 bekommen. Wir waren zuvor schon mal beim Frauenarzt gewesen, aber der sagte, es sei noch alles normal. Wie habe ich mich danach gesehnt, endlich so zu sein wie alle anderen Mädchen in meinem Alter auch! Als sie dann kam, war es wie eine Erlösung. Ich ging wie auf Wolken! Auch heute freue ich mich noch jedes Mal, wenn sie endlich kommt, weil sie noch ziemlich unregelmäßig ist. Ich kann mir gar nicht vorstellen, meine Tage als Last zu empfinden, selbst wenn ich manchmal Bauchweh habe. Für mich ist sie ein Zeichen, dass ich als Frau gesund bin!

Pubertät und Premiere der Zyklusshow

Claudia (17):
Ich war erst neun, als ich das erste Mal meine Tage bekam. Mama hatte vorher nie mit mir darüber gesprochen „weil ich ja noch so jung war" (wie sie mir später sagte). Ich glaube, das war ein Fehler, aber vielleicht hätte ich sowieso noch nichts von alledem verstanden, was da auf mich zukam. Als es losging, war es schrecklich. Jeden Tag betete ich zum lieben Gott, es möge wieder aufhören. Und es blieb dann tatsächlich auch fast ein ganzes Jahr wieder aus. Erst heute hab ich mich mit meinem Zyklus abgefunden. Ich habe ein paar schöne Bücher darüber gelesen – von Frauen für Frauen und so. Das hat mir gutgetan.

Bettina (13):
Ein paar Monate vor meiner ersten Blutung kam meine Mutter und wollte „mit mir Binden kaufen gehen". Ich fand das gar nicht witzig, wo doch sowieso immer welche im Badeschrank herumliegen. Wahrscheinlich wollte sie das Thema nur irgendwie ansprechen. Aber ich wusste eh schon alles von meiner Freundin, die ihre Periode viel früher bekommen hatte. Als es dann so weit war, war es ganz normal. Nichts Besonderes. Am Wochenende darauf haben mich meine Eltern „aus diesem Anlass" schick zum Essen ausgeführt.

Lisa (15):
Ich war gerade für ein paar Tage zu Besuch bei meiner Tante, als meine Periode kam. Natürlich hatte ich nichts dabei. Es war mir peinlich, etwas zu sagen, und so stopfte ich mir zuerst Toilettenpapier und Papiertaschentücher in die Unterhose. Das mache ich heute auch noch öfters wenn es mich mal überrascht. Am Abend musste ich dann raus mit der Sprache, weil meine Tante bemerkt hatte, dass ich so komisch war.
Sie war unheimlich nett zu mir, und am nächsten Morgen stand ein Blumenstrauß vor meinem Frühstücksteller, und alle taten so, als hätte ich Geburtstag. Als mich Mama abholte, übergab sie mir einen Umschlag mit einem Gutschein für ein Popkonzert „meiner Wahl" – ich war total happy!

Premierefeiern in

- Bei vielen **indianischen Völkern Nord- und Südamerikas** ist das Menarchefest das wichtigste religiös-gesellschaftliche Ereignis.

  Das Mädchen wird einige Zeit vor dem Fest in einer eigenen Hütte von einer erfahrenen Frau in die „weiblichen Geheimnisse" eingeweiht. Nach einer kurzen Fastenzeit wird sie zum Stammesfest geleitet, das ihr zu Ehren veranstaltet wird und mehrere Tage dauert. Es wird festlich gekleidet und bemalt und tanzt einen rituellen Tanz, der seinen neuen Status als Frau begründet.

- In **Panama** feiert das Indianervolk der Kuna auch heute noch das Inna-Fest zu Ehren aller Mädchen, die gerade ihre Menarche hatten. Als Zeichen ihrer weiblichen Würde bekommen sie einen roten, reich mit Goldstickereien verzierten Schal um den Kopf gebunden. Als Symbol für Fruchtbarkeit und Glück tragen sie Blusen in leuchtendem Rot und Gold. Die Väter sammeln Blätter geheiligter Bäume für die Festrituale.

- In **Japan** wird „das Fest der ersten Blüte" junger Mädchen gefeiert. Wenn die Gäste zum Festessen geladen sind, erfahren sie durch die roten Blüten und rotkandierten Äpfel, mit denen der Tisch geschmückt ist, vom Anlass des Festes. Auf manchen japanischen Inseln hat das Menarchefest sogar noch größere Bedeutung als eine Hochzeit.

- In einem Stamm in **Colorado** verkündet der Vater vor seiner Hütte stolz dem ganzen Stamm, dass seine Tochter zur Frau geweiht wird. Bei einem Rauchzeremoniell streut eine weise Frau duftende Gräser, Zedernnadeln und Salbeiblüten auf ein Stück Kohle. Das Mädchen beugt sich über den Rauch und bittet dadurch die Schutzgeister der Natur, ihr Gesundheit und Fruchtbarkeit zu schenken.

aller Welt

※ In einem Stamm in **Brasilien** bekommt das Mädchen bei seiner ersten Menstruation eine neue Frisur. Die Kinderzöpfe werden abgeschnitten, und eine hübsche Ponyfrisur zeigt, dass aus dem Mädchen nun eine junge Frau geworden ist. Verwandte und Freundinnen bekommen eine Haarsträhne als Andenken.

※ In **Nigeria** gilt das Mädchen bei ihrer ersten Blutung als Glück bringende Fruchtbarkeitsspenderin. Sie geht an diesem Tag über alle Felder des Dorfes und lässt ein paar Tropfen ihres Blutes auf die Erde fließen. Es soll den Boden segnen und reiche Ernte bringen.

※ Die **Aborigines in Australien** feiern bei der Menarche ein großes Frauenfest. Mit Tänzen und Gesängen feiern sie die weibliche Macht, die jetzt auch in diesem jungen Mädchen wohnt.

6 Das kleine Finale – MEINE Tage

Die Menstruationsblutung ist das eindrucksvollste und bemerkenswerteste Körperzeichen in der gesamten Zyklusshow. Sie begleitet jede Frau für lange Zeit in ihrem Leben, Monat für Monat, Jahr für Jahr, insgesamt etwa für 2 300 Tage über einen Zeitraum von 35 bis 40 Jahren.

+++ **FAKT** +++
„Die Tage" haben viele verschiedene Bezeichnungen: Blutung, Regel, Periode, Mens oder Menstruation.

Es verwundert deshalb, dass von diesem Ereignis so selten die Rede ist. Kommt die Sprache doch einmal auf die Blutung, dann geht es um hygienische Maßnahmen oder um Beschwerden und Probleme. Mit bestimmten Pillen ist es inzwischen möglich, dass Frauen nur noch alle drei oder sechs Monate ihre Blutung haben. Die Bemühungen der Wissenschaft gehen so weit, Frauen vielleicht ganz von diesem „lästigen Übel" zu befreien. Wenn Frauen aber von dem, was sich in ihrem Körper abspielt, lediglich die „Renovierungsarbeiten" mitbekommen, ist das zu wenig. Aus ihrem natürlichen Zusammenhang gerissen, sind die Tage verständlicherweise manchmal lästig und überflüssig. Wenn aber Frauen die Zyklusshow in ihrem Körper kennengelernt haben, dann können sie verstehen, was diese Tage wirklich bedeuten: nämlich Ende und Anfang eines großartigen Schauspiels, Zeichen von Luxus, Reichtum und Überfluss. Die Tage, sie sind der Rede wert!

„Meine Tage" – leider noch oft ein Thema, über das nur hinter vorgehaltener Hand gesprochen wird

Das kleine Finale – meine Tage

Blut ist „Lebenssaft"

Was empfindest du beim Anblick von Blut? Angst? Schrecken? Ekel? „Igitt, ich kann kein Blut sehen", sagen manche. Viele Männer sind da übrigens viel empfindlicher als Frauen, und einige Menschen fallen beim Anblick von Blut sogar in Ohnmacht.

Blut lässt einen nicht kalt. Es weckt unangenehme Gefühle, die mit Krankheit und Sterben, mit der Angst vor dem Tod in Verbindung stehen. Wenn Blut fließt, ist meistens etwas Schreckliches passiert: ein Unfall, eine Verletzung, eine Wunde.

Warum berührt uns der Anblick von Blut so? Weil es um „den" Lebenssaft geht, um das Symbol des Lebens und der Kraft.

Weil Blut oft mit Verletzung und Unfall zu tun hat, erschrecken die meisten Menschen, wenn sie Blut sehen.

Lebensspenderin
Es ist die Frau, die Leben schenkt und weitergibt. In früheren Zeiten galten Frauen als einzige Erzeugerinnen des Lebens, sie wurden als Geweihte der Schöpfergöttin angesehen, und ihr Monatsblut war heilig. Während ihrer Blutung zogen sie sich in Menstruationshütten zurück, um während dieser Tage unter sich zu sein. Es war eine „Auszeit", eine Art Urlaub für sie, denn dort wurden sie umsorgt und brauchten nicht zu arbeiten. Viele interpretierten das später allerdings so, als ob die Frauen während ihrer Blutung ausgegrenzt wurden, weil sie „unrein" waren.

Blut ist ein Zeichen für etwas ganz und gar Bedeutsames, Geheimnisvolles, Magisches, Unauslöschliches, Unwiderrufliches. Wichtige Dokumente wurden mit Blut geschrieben, ewige Freundschaften zwischen zwei Menschen wurden mit Blut besiegelt.

Ursachen der Blutung waren lange unbekannt

Da gibt es nun im Leben einer jeden Frau diese einzigartige Situation, dass Blut fließt ohne Verletzung, ohne die Gefahr des Verblutens, ohne richtige Wunde. Nicht nur einmal, sondern immer wieder in regelmäßigen

Abständen. Wenn der Körper auf ein derart starkes Zeichen zurückgreift, muss seine Botschaft wichtig sein.

Um welche Botschaft es sich dabei handelt, konnte man sich lange Zeit nicht erklären. So haben sich in den verschiedenen Kulturen im Laufe der Geschichte viele Spekulationen um diesen geheimnisvollen Vorgang gebildet.

Blut ist ein Zeichen für Stärke und Kraft

Blut ist ein mächtiges Zeichen der Kraft, das so gar nicht mit der Einschätzung des „schwachen Geschlechts" zusammenpassen will. Wer die Stärke einer Frau wahrnimmt, sie aber als Bedrohung seiner eigenen Macht empfindet, wird versuchen, sie auf verschiedene Art und Weise zu schwächen und abzuwerten.

Dinge, die Angst einflößen, werden oft lächerlich gemacht und in den Schmutz gezogen, um sie in den Griff zu bekommen.

So entstanden viele Vorurteile, die die Bewertung der Menstruationsblutung, und damit der Frau selbst, deutlich geprägt haben. Ihnen begegnen wir auch in unserer heutigen Gesellschaft immer wieder.

Darf keiner merken, dass du deine Tage hast?

Nach wie vor steht die Menstruationsblutung hinter einer Wand des Schweigens, nach wie vor ist sie eines der größten Tabus in unserer Gesellschaft. Noch immer leidet das Selbstbewusstsein der Frauen darunter, dass „da unten" angeblich etwas schmutzig und unrein ist. In der Öffentlichkeit einen Blutfleck zu zeigen ist mit größter Peinlichkeit verbunden.

> ### Hexenkraft
> *Es gab Zeiten, da wurde die besondere Heilkraft und Energie mancher Frauen während ihrer Menstruationsblutung als gefährlich angesehen. Dafür wurden viele Frauen verachtet und sogar als Hexe auf den Scheiterhaufen gebracht.*

Auch wenn im Fernsehen vermeintlich freizügig und zu bester Sendezeit mit Slipeinlagen, Binden und Tampons geworben wird, so kann dies nicht darüber hinwegtäuschen, dass es dabei nur um eines geht: „Keiner darf merken, dass du deine Tage hast!" Die besten Hygieneartikel hat der, dem dies am perfektesten gelingt. Die rote Farbe des Menstruationsblutes ist wohl unzumutbar, denn laut Werbespot fließt blaues Blut in den Adern der Frauen. Nicht einmal das Wort „Blut" wird in den Mund genommen.

> ### Heilender Nektar
> *In manchen Kulturen wird das Menstruationsblut mit dem Nektar besonderer Blumen gleichgesetzt. In Indien heißt es „der Nektar der Kula-Blume". Von jungen Mädchen, die ihre erste Blutung haben, sagt man: „Sie haben die Blume geboren." Kleiderstoffe wurden mit Menstruationsblut getränkt, weil sie dann besondere Heilkraft besaßen.*

Es ist der Rede wert:
Was sich wirklich im Körper abspielt

Erst in den letzten Jahrzehnten konnten die Ereignisse während der Tage aufgeklärt werden. Die Zeit der Spekulationen ist vorbei, nun kann und soll jeder wissen, was wirklich im Körper der Frau vor sich geht.

Zurück zum kleinen Finale: Weil unser Körper an nichts sparen muss, hat er einfach so – für alle Fälle – in der Gebärmutter die Luxussuiten vorbereitet, jeden Monat frisch bezogen. Nun ist es in der obersten Schleimhautschicht dick, weich, kuschelig und furchtbar gemütlich geworden. Wenn der Liebesbrief an den Gelbkörper ausbleibt und der Körper somit erfährt, dass kein Gast gekommen ist,

Schmutzig und unrein
In früheren Zeiten und in anderen Kulturen wurde das Menstruationsblut als unrein und schmutzig angesehen. Frauen wurden während ihrer Menstruation von der „sauberen Gesellschaft" ausgeschlossen.

wird die nährstoffbepackte Schleimhaut nicht aufgehoben und dem nächsten oder übernächsten Gast erneut angeboten.

Weil dein Körper es sich leisten kann, wird alles immer wieder neu vorbereitet.

Der reinste Luxus
Die winzigen Blutgefäße in der obersten Schleimhautschicht brechen auf und spülen die vielen kleinen, unbenutzten Kissen, die unberührte Nahrung und noch vollen Getränkeflaschen (Nährstoffzellen, Zellen der

Jagdglück und Kindersegen
Männer eines brasilianischen Stammes sichern sich noch heute ihr Jagdglück, indem sie sich mit dem Menstruationsblut ihrer Frauen Linien ins Gesicht und auf den Körper malen.
Bei einigen Naturvölkern werden weibliche Kinder noch heute höher geschätzt als männliche, weil Mädchen Trägerinnen des heiligen und heilenden Blutes sind.

Körperabwehr, Drüsenzellen) sowie Teile der Wände und der Decken mit sich fort. Das völlig saubere, nährstoffreiche und reine Blut fließt zusammen mit Gewebsflüssigkeit und Schleimhautstückchen durch die Scheide nach außen. Dieser Vorgang ist ein Zeichen dafür, wie viel Kraft und Energie in deinem Körper steckt. Deine Tage sollen dich aber auch daran erinnern, eine Pause einzulegen, Ruhe zu geben und dorthin zurückzukehren, wo deine Zuneigung am dringendsten gebraucht wird: zu dir selbst.

Das kleine Finale – Fakten und Hintergründe

- *Die Blutung kann manchmal schwächer, manchmal stärker sein, normalerweise dauert sie drei bis fünf Tage.*

- *An den ersten beiden Tagen werden gut zwei Drittel der gesamten Blutmenge ausgeschieden, das restliche Drittel an den folgenden Tagen.*

- *Auch wenn es dir vielleicht manchmal so vorkommt, als würdest du „auslaufen", die gesamte Menge an Blut beträgt durchschnittlich etwa nur eine halbe Tasse (80 ml). Normalerweise ist es für den Körper nicht schwierig, dieses Blut schnell wieder nachzubilden. Nur bei besonders langen und starken Blutungen, oder wenn die Frau gerade geschwächt ist, kann es mit der Zeit zu Blutarmut kommen.*

- *Im Gegensatz zum normalen Blut aus einer Wunde gerinnt das Menstruationsblut nicht – darf es auch nicht! Sonst könnte sich die Schleimhautschicht nicht erneuern und würde es mit der Renovierung nicht klappen. Das kleine Finale ist ein wichtiger Teil der Zyklusshow und keine Verletzung.*

- *Das Menstruationsblut enthält viele Nährstoffe: Vitamine, Eiweißstoffe, Zucker, Eisen, Kupfer, Magnesium, Kalzium, Kalium, andere Mineralsalze und eine große Zahl an Abwehrstoffen.*

Der Grund für diesen Reichtum liegt auf der Hand:
Was aus dem Luxushotel deiner Gebärmutter beseitigt wird, sind nichts anderes als die höchst komfortablen, unbenutzten Kuschelecken. Darin hätte ein neuer Mensch heranwachsen können. Der rote Blutfarbstoff hätte ihm Sauerstoff zugeführt, die Nährstoffe hätten ihn versorgt und die Abwehrzellen ihn vor Krankheiten geschützt.

Das Menstruationsblut ist nicht schmutzig, es ist absolut sauber und nährstoffreich.

Das kleine Finale – meine Tage

Anders als sonst

Die Zeit vor und während der Menstruationsblutung ist für viele Frauen keine besondere Zeit. Sie leben wie immer.

Für manche ist es jedoch eine Phase, in der sie:

- Düfte stärker wahrnehmen,
- Farben intensiver erkennen,
- Stimmungen besser unterscheiden,
- Zärtlichkeiten sinnlicher empfinden,
- Dinge klarer sehen,
- ihre weibliche Kraft und Stärke, aber auch ihre Ohnmacht spüren,
- leichteren Zugang zu den Tiefen ihrer Seele und ihres Unbewussten haben,
- mehr Kreativität und Intuition entwickeln,
- Glück und Unglück intensiver erleben.

Es sind die Tage der „Bluts-Schwesternschaft" mit dem eigenen Körper. Es sind „meine Tage", es ist „meine Zeit"!

Wie eine Maschine – jeden Tag gleich fit?

Wenn der Körper durch die Tage immer wieder zum Innehalten einlädt, dann liegt in seiner Stimme – anders als sonst – mitunter auch sanfter Druck. Seine Zeichen dafür sind Müdigkeit, Bauchschmerzen, Kopfweh, Gereiztheit, Spannungsgefühle, Stimmungsschwankungen. Anstatt diese Botschaft richtig zu verstehen, wird sie meistens völlig falsch übersetzt, die Blutung als ein „Missgeschick der Natur" betrachtet.

Der gesellschaftlichen Erwartung entsprechend, soll die Frau während „der Tage" genauso reibungslos „funktionieren" wie sonst auch: Schule, Ausbildung, Familie – der ganz normale Alltag duldet schließlich keine Leistungsschwankungen.

Manche Frauen nehmen während ihrer Tage Düfte intensiver wahr.

- So wird die Blutung auch zu einem hygienischen „Problem": Wann wird wie welche Binde, welcher Tampon eingesteckt, damit nur keiner etwas merkt und alles „sauber und diskret" abläuft?

- Müdigkeit, Kopfschmerzen und Bauchkrämpfe werden auf medizinische Ursachen reduziert, die mit verschiedenen Medikamenten behoben werden müssen. Die Leistungsfähigkeit soll durch nichts eingeschränkt werden.

- Gefühlsausbrüche von Frauen vor und während der Blutung werden zu einem Fall für den Psychiater erklärt. Wenn Frauen Missstände klar erkennen, sie endlich beim Namen nennen und nicht länger bereit sind, sie zu akzeptieren, gelten sie als labil, hysterisch und unberechenbar.

Viele Frauen haben diese falsche Übersetzung der Körpersprache bereits verinnerlicht. So fühlen sie sich in dieser Zeit, wenn sie meinen, den fremden und eigenen Ansprüchen nicht gerecht werden zu können, elend, schwach und eingeschränkt und hadern mit ihrem Schicksal. Die richtige Übersetzung dieses Körpercodes lautet aber: „Es ist der reinste Luxus!"

Die Sache mit den Menstruationsbeschwerden

Natürlich bedeutet es für den Körper Arbeit und Anstrengung, wenn die Luxussuiten in der Gebärmutterschleimhaut abgebaut und aus dem Körper transportiert werden sollen. Aber das muss nicht zwangsläufig wehtun. Über die Gründe dafür, warum manche Frauen während ihrer Periode Schmerzen haben und andere wiederum nicht, warum bei vielen Frauen die Menstruationsbeschwerden nach der ersten Geburt aufhören, bei anderen aber erst beginnen, ist man sich im Unklaren.

Viele Frauen wurden darauf „programmiert", die Blutung mit Belastung, Krankheit und Schmerz gleichzusetzen.

Grundsätzlich wird vermutet, dass das Zusammenspiel der verschiedenen im Körper vorhandenen Botenstoffe (die Hormone Östrogen und Progesteron, Oxytocin, Vasopressin, Prostaglandine, Katecholamine) nicht immer so harmonisch abläuft. Das führt dazu, dass sich der Gebärmuttermuskel krampfhaft und schmerzhaft – ähnlich wie bei Wehen – zusammenzieht. Kreislaufreaktionen wie Schwindel und Übelkeit sind manchmal die Folge.

Diese „hormonellen Faktoren" sind nur die eine Seite, nämlich die körperliche. Warum Schmerzen unterschiedlich stark wahrgenommen werden, warum manche Mädchen und Frauen so sehr unter ihren Tagen leiden, hat auch noch andere Gründe, die mit ihnen selbst und ihrer Umwelt, kurz mit psychologischen Faktoren und äußeren Einflüssen zu tun haben. Es kommt zu Ängsten, Spannungen und Krämpfen, die die Schmerzen nur noch verstärken.

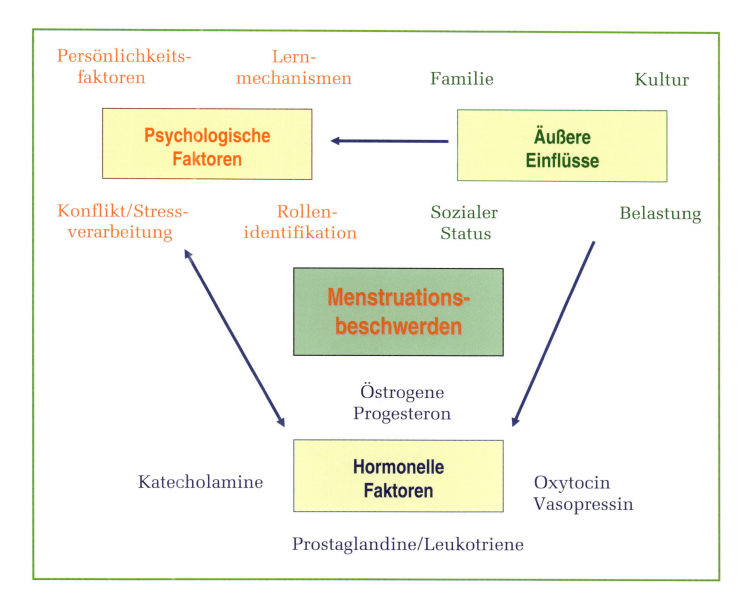

Menstruationsbeschwerden können vielerlei Ursachen haben. Neben körperlichen Gründen spielen auch psychologische und äußere Einflüsse eine Rolle.

Damit deine Tage „gute Tage" werden

Stell dir nur vor, die Tage hätten die gleiche positive Bedeutung in unserer Gesellschaft wie z. B. das regelmäßig wiederkehrende freie Wochenende nach einer anstrengenden Schulwoche. Oder wie ein Tag, an dem du mit einer guten Note für eine tolle Leistung nach Hause kommst.

> Wer sich bei Beginn der Blutung verkrampft, wird genau den Schmerz spüren, den er befürchtet hat. Dies geschieht meist unbewusst und wird durch das Schweigen, das sich um dieses Ereignis hüllt, noch verstärkt.

Spürst du deine positiven Gefühle, wenn du daran denkst? Es steht ganz außer Zweifel, dass die Blutung ein mindestens ebenso gutes Ereignis ist. Leider können wir das gar nicht mehr empfinden.

Überprüfe deine Einstellung

Schmerzen beginnen im Kopf – diese Aussage ist zwar nicht immer richtig, aber bevor du Medikamente anwendest, versuch es mit Liebe und Zuwendung.

Beantworte ehrlich die Frage, die dir dein Körper stellt: Magst du ihn so, wie er ist, so wie er aussieht, als Körper einer Frau? Geliebt zu werden ist die Grundvoraussetzung für Wohlbefinden, für Gesundheit. Mit deinem Körper ist das nicht anders.

Umprogrammieren!

Die erste Grundvoraussetzung für „gute Tage" hast du bereits geschaffen, denn du weißt nun, was in dir vorgeht, sich wirklich in deinem Körper während der Zyklusshow abspielt.

Du kannst nun alles Negative vergessen, das du jemals über die Tage gehört hast. Die guten Gedanken sind dafür verantwortlich, ob du dich gesund fühlst oder nicht!

Noch ein paar Tipps für „gute Tage":

- Trink einen besonderen Tee (Beifuß, Frauenmantel, Gänsefingerkraut wirken krampflösend).

- Wenn dir danach ist, dann betreib Sport, und beweg dich (z. B. Bauchtanz, Beckenkreisen, Hula-Hoop-Reifen).

- Wenn dir danach ist, dann lass den Sport bleiben, und ruh dich aus (tiefe Bauchatmung, Kreuzbeinschaukel, kreisende Bauchmassage).

- Schlaf ein paar Stunden mehr als sonst.

- Leg eine Wärmflasche auf deinen Bauch.

- Lies ein spannendes Buch, oder hör schöne Musik.

- Lass dich massieren (auch Hand- und Fußreflexzonenmassage helfen).

- Geh spazieren, alleine oder mit der besten Freundin.

- Sei auf keinen Fall ungeduldig mit dir selbst.

- Es ist völlig in Ordnung, wenn du ruhebedürftiger bist und dich zurückziehen willst.

- Mehrfach ungesättigte Fettsäuren in Fischöl (als Kapseln meist im Reformhaus oder in Apotheken erhältlich) sollen gut gegen Menstruationsbeschwerden wirken.

- Es gibt auch krampflösende und schmerzstillende Medikamente, aber sei damit zurückhaltend.

- Überlege gut, wenn man dir wegen Menstruationsbeschwerden gleich „die Pille" verschreiben will.

- Auf jeden Fall: Lass es dir noch besser gehen als sonst!

Mach dir gute Tage – es sind „deine" Tage!

Binden oder Tampons – alles, was dir guttut

Ob du während deiner Tage Binden oder Tampons benutzen möchtest, ist völlig dir überlassen. Die meisten Mädchen verwenden zunächst Binden und versuchen es erst später mit Tampons, wenn sie mit ihren Tagen vertraut sind und ihren Körper besser kennen gelernt haben. Viele Frauen kommen ihr ganzes Leben lang mit Binden gut zurecht. Es gibt sie in allen möglichen Formen und Größen: dünne und dicke, lange und kurze, breite und schmale, mit und ohne Flügel, in der Großpackung oder einzeln verpackt. Alle Binden haben einen Klebestreifen, mit dem sie im Slip befestigt werden können, und eine Plastikfolie auf der Unterseite, damit das Blut nicht durchsickern kann. Such dir ein Produkt aus, mit dem du dich wohlfühlst. Du kannst mit deiner Freundin oder Mutter einmal zum Ausprobieren verschiedene Packungen teilen.

Wie oft du die Binde wechselst, hängt von der Stärke der Blutung ab. In den ersten beiden Tagen wird es häufiger sein, danach brauchst du vielleicht nur noch ein bis zwei Mal am Tag eine neue Binde. All das findest du sehr schnell selbst heraus. Frauen, die gerne Binden benutzen, schätzen das Gefühl, dass ihr Blut so ungehindert aus der Scheide fließen kann.

Erst wenn das Blut mit der Luft in Kontakt kommt, fängt es an, sich zu zersetzen. Dies führt dazu, dass es manchmal unangenehm riecht. Das lässt sich vermeiden, wenn du die Binden regelmäßig wechselst.

Steck dir immer eine kleine, gut verpackte Binde in die Schultasche. Auch dann, wenn du deine Tage noch nicht hast.

Viel Bewegungsfreiheit mit Tampons

Tampons sind Röllchen aus dicht zusammengepresstem, sehr saugfähigem Wattevlies mit einem eingearbeiteten Rückholbändchen. Der Tampon wird mit dem Finger oder einem Applikator in die Scheide eingeführt und je nach Blutungsstärke nach etwa vier bis fünf Stunden, nachts auch mal nach acht bis neun Stunden, wieder herausgezogen. Wenn der Tampon richtig liegt, sollte man ihn nicht spüren. Beim allerersten Versuch kann es schon ein etwas unangenehmes Gefühl sein.

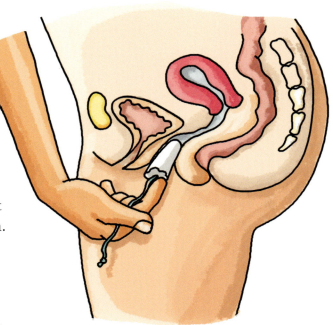

So wird ein Tampon in die Scheide eingeführt.

Das kleine Finale – meine Tage

> **Übrigens:**
> Du brauchst den Tampon nicht entfernen, wenn du zur Toilette gehst. Für den Urin gibt es natürlich einen eigenen Ausgang, die Harnröhrenöffnung, die vor dem Scheideneingang liegt.

Wenn du ihn noch spürst, solltest du den Tampon ein wenig weiter hinaufschieben.

Frauen und Mädchen schätzen Tampons besonders deswegen, weil das Blut dann gleich in der Scheide aufgefangen wird und sie dadurch mehr Bewegungsfreiheit haben. Schwimmen (Achtung: Tampon hinterher gleich wechseln!), Tanzen, Reiten, Radfahren, alles ist problemlos möglich.

> Es liegt allein an dir, ob du einen Tampon benutzen möchtest und wann. Niemand darf dich dazu zwingen, beispielsweise beim Schulschwimmen deshalb mitzumachen, weil „man ja heutzutage Tampons verwenden kann".

Der Nachteil von Tampons ist, dass sie die Scheide austrocknen können und dadurch das natürliche Schutzklima möglicherweise stören. Deshalb sollten sie nur während der Tage mit starker Blutung getragen werden.

Nachts, oder bei starken Blutungen, kannst du zusätzlich zum Tampon noch eine Binde benutzen, so kann die Binde das Blut aufnehmen, wenn der Tampon mal „überläuft".

Wenn dein Jungfernhäutchen noch intakt ist, passt im Normalfall trotzdem ein kleiner Tampon durch die dehnbare Öffnung hindurch. Er lässt sich meistens ohne Probleme auch wieder entfernen.

Es gibt verschiedene Tampongrößen; z.B. „mini", besonders für junge Mädchen geeignet, aber auch „super" für die Tage mit starker Blutung.

Manchen Mädchen ist es – z. B. aus kulturellen Gründen – sehr wichtig, dass ihr Jungfernhäutchen absolut unbeschädigt bleibt. Auch ihnen darf die Verwendung von Tampons nicht aufgedrängt werden.

Eine Alternative: Menstruationsschwämmchen oder „Mooncup"

Binden und Tampons sind Wegwerfartikel, die eine Menge Abfall verursachen und über die Jahre hinweg ziemlich viel kosten. Aber nicht nur aus Umweltschutz- und Kostengründen möchten manche Frauen Hygieneartikel benützen, die sie immer wieder gebrauchen können.

Manche verwenden Menstruationsschwämmchen. Das sind etwa walnussgroße Naturschwämmchen mit einem angenähten Rückholbändchen. Sie werden ähnlich wie ein Tampon in die Scheide eingeführt und bieten dieselbe Bewegungsfreiheit. Wenn sie sich vollgesaugt haben, werden sie unter fließendem Wasser sofort wieder ausgewaschen und weiterbenutzt. Durch diesen hautnahen Kontakt mit dem eigenen Blut, so sagen Frauen, die sie benutzen, bekommen sie einen ganz neuen Bezug zu ihrer Menstruation. Nach Ende der Blutung werden die Schwämmchen eine Zeit lang in etwas Essigwasser eingeweicht und bis zum nächsten Gebrauch hygienisch aufbewahrt.

Menstruationsschwämmchen kann man sich aus Naturschwamm selbst herstellen, im Bioladen oder einem Frauengesundheitszentrum besorgen. Dort oder im Internet bekommt man auch das „Mooncup", eine Art kleiner Silikonbecher, der ebenfalls in die Scheide eingeführt und über den Muttermund gestülpt wird, wo er das Blut auffängt.

Slipeinlagen – eigentlich nicht notwendig

Wenn deine Blutung vorbei ist, brauchst du natürlich weder Binden noch Tampons, im Gegenteil, sie wären sogar schädlich. Dann nämlich sollte Luft an deine Scheide. Manche Mädchen und Frauen greifen in der Zeit zwischen den Tagen zu Slipeinlagen und fühlen sich damit wohler. Falls du gerne Slipeinlagen verwenden möchtest, solltest du darauf achten, dass sie auf jeden Fall luftdurchlässig sind und nicht auf der Unterseite mit einer Plastikfolie den Scheidenbereich abschließen. Im Grunde sind Slipeinlagen nicht notwendig, wenn man sich täglich mit Wasser und ganz wenig neutraler Seife wäscht und jeden Tag die Unterwäsche wechselt.

Denk daran: Was zwischen den Tagen aus deiner Scheide fließt, ist nichts weniger als der Zaubertrank, auch damit bist du hygienisch, sauber und rein.

Wer regelmäßig die Körpersignale beobachtet und in ein Zyklustagebuch einträgt, findet schnell heraus, was sich gerade in der Zyklusshow abspielt.

7 Dem Geheimcode auf der Spur

Körperzeichen beobachten

Hast du schon mal bei einem Preisausschreiben mitgemacht? Oft gilt es dabei, ein Kreuzworträtsel zu lösen und einen bestimmten Begriff oder Satz herauszufinden. Das Rätsel ohne Bleistift und Papier zu bewältigen, sich die Buchstaben und deren Reihenfolge auswendig zu merken, alles im Kopf, ist ganz schön schwierig.

Natürlich schreibt man sich die richtigen Antworten auf. Meistens sind bereits leere Kästchen vorgegeben, in die die einzelnen Buchstaben eingetragen werden können. Nur so ergibt sich nach und nach ein sinnvolles Ganzes.

Genauso verhält es sich auch mit der Sprache unseres Körpers: Nur wer seine Botschaften mitschreibt, kann den Code knacken, das Lösungswort finden! Wer Beobachtungen zu seinem Zyklus wie in einem Tagebuch regelmäßig notiert, findet schnell bestimmte Gesetzmäßigkeiten heraus. Der rote Vorhang wird beiseitegeschoben, die Scheinwerfer gehen an, und dir wird klar: Das ist die Zyklusshow. Live in meinem Körper läuft nun der erste Teil der Vorstellung, dann der zweite und schließlich das kleine Finale. Wenn du Lust darauf bekommen hast, deinen Körper zu entdecken, und selbst sehen willst, was sich alles darin tut, dann nimm dir Zeit für ihn. Es lohnt sich!

Das Tagebuch zur Zyklusshow

Statt mit Bleistift und Papier führen viele Mädchen und Frauen ihr Zyklustagebuch inzwischen viel bequemer auf dem Handy oder PC. Dazu gibt es Apps oder Programme zum Downloaden. Auf den folgenden Seiten siehst du Ausschnitte aus Sabines Zyklustagebuch. Sie ist 15 Jahre alt und schreibt seit vier Zyklen jeden Abend die Körpersignale, die während des Tages bei ihr eingegangen sind, in diesem Tagebuch auf. Es ist folgendermaßen angelegt: Die Zyklustage sind bereits durchnummeriert. Darunter wird das jeweilige Datum eingetragen, rechts oben noch die Zyklusnummer, und schon kann es losgehen! Was du während des Tages an deinem Körper beobachtest, was alles los war und wie du dich fühlst, kannst du jeden Abend in dein Tagebuch eintragen.

Es beginnt mit dem kleinen Finale

Da das Zyklusgeschehen immer weitergeht wie ein Kreislauf, der keinen Anfang und kein Ende besitzt, wurde der Beginn willkürlich festgelegt. Man einigte sich darauf, dass jeder Zyklus mit dem kleinen Finale anfängt. Der erste Tag der Blutung ist auch der erste Zyklustag. Ein Zyklus dauert bis zum letzten Tag vor der neuen Blutung. Immer wenn die Blutung beginnt, wird eine neue Seite aufgeschlagen, d.h., es wird ein neues Zyklusblatt begonnen.

Mein Zyklustagebuch

Zyklustag Datum	1	2	3	4	5	6	7	8	9	10	11	12	13	14	15	16	17	18	19	20	21	22	23	24	25	26	27	28	29	30	31	32	33	34	35	36	37	38	Zyklus- Nr.:___
Wie geht es mir? 😊😐☹ Was war alles los? Störungen?																																							
Meine Tage																																							
Messzeit																																							Thermometer ☐ im Mund ☐ in der Scheide ☐ im Po
Auf der Suche nach der Progesteronwärme in meinem Körper — 37,5°																																							
37,4°																																							
37,3°																																							
37,2°																																							
37,1°																																							
37,0°																																							
36,9°																																							
36,8°																																							
36,7°																																							
36,6°																																							
36,5°																																							
36,4°																																							
36,3°																																							
Brustsymptom Mittelschmerz																																							
Zaubertrank / Zervixschleim — S+																																							
S																																							
f																																							
t / ø																																							
Was spielt sich ab in meinem Zyklus?																																							

Körpercodes

Sabines Zyklustagebuch

Sabines Blutung dauert in diesem Zyklus fünf Tage (siehe Abbildung Seite 81). Am ersten Tag war sie noch nicht so stark, am zweiten und dritten Tag am stärksten, dann wurde sie weniger. Im Tagebuch hat sie die Dauer und Stärke der Blutung mit kleinen Blutstropfen gekennzeichnet. Auch wie sich Sabine während ihres Zyklus fühlt, kann sie in das Tagebuch eintragen.

Körpercode Zervixschleim: „Ausfluss" oder „Zaubertrank"?

Es gibt leider Mädchen und Frauen, die noch nie etwas vom wichtigsten Geheimcode in ihrem Körper gehört haben. Sie fürchten, krank zu sein oder „Ausfluss" zu haben, wenn sie den Zervixschleim sehen oder spüren. Manchmal werden junge Mädchen aus diesem Grund bereits vor ihrer ersten Periode beim Frauenarzt untersucht.

Wenn Mädchen und Frauen Schleim in ihrer Wäsche oder auf dem Toilettenpapier entdecken, dann meldet ihr Körper: „Hallo, hier läuft der erste Akt der Zyklusshow!" Die Eizellen wurden aufgeweckt, die Östrogene sind jetzt unterwegs und haben die Saison im Wellnesscenter der Zervixdrüsen eröffnet. Mädchen, die diesen Geheimcode nicht kennen, sind verständlicherweise oft erschrocken und angeekelt:

„Igitt, was soll denn das? So ein komischer Schleim! Hoffentlich geht der bald wieder weg, hoffentlich bin ich nicht krank."

Nur wer diesen Körpercode richtig entschlüsselt, weiß: Der Zervixschleim ist kein merkwürdiger Ausfluss. Er ist das wichtigste Zeichen weiblicher Fruchtbarkeit.

+++ **FAKT** +++

Ausfluss kann tatsächlich entstehen, wenn die Milchsäurebakterien in der Scheide nicht richtig arbeiten können, weil sie durch falsche Hygienemaßnahmen (Tampons oder Binden auch außerhalb der Blutung), durch Medikamente (verschiedene Antibiotika) oder durch hormonelle Verhütungsmethoden gestört werden. Es kommt zu einer Entzündung der Scheidenschleimhaut durch Bakterien oder Pilze. Diese Infektion macht sich dadurch bemerkbar, dass die Scheide juckt und brennt und ein weißlicher, gelblicher oder grünlicher Schleim auftritt, der unangenehm riecht. Der muss mit Medikamenten behandelt werden. Mit diesem Ausfluss hat der Zervixschleim aber nichts zu tun.

Dem Geheimcode auf der Spur

Wenn du gelernt hast, auf den Zervixschleim zu achten, kommen dir die Empfindungen im Scheidenbereich („trocken, nichts, feucht, nass") während des Tages ganz automatisch ins Bewusstsein, egal, was du gerade tust.

Trocken, feucht oder nass
Code I: Schon mal *gespürt?*

Du sitzt vielleicht gerade in der S-Bahn oder im Bus, machst Schularbeiten oder hörst Musik, da hast du plötzlich das Gefühl, als ob in der Scheide etwas hinunterlaufen würde, ähnlich wie während der Periode, wenn Blut herausfließt. Du spürst es ganz deutlich. Ein andermal fühlst du dich feucht, an manchen Tagen sogar richtiggehend nass im Scheidenbereich.

Dann gibt es Tage, da spürst du nichts, gar nichts. An weiteren Tagen geht es dem Scheidenbereich wie trockenen Händen, die sich nach einer Creme sehnen. Er ist trocken und juckt unangenehm.

Genauso, wie dir dein knurrender Magen sagt, dass du Hunger hast, und dein trockener Mund, dass du jetzt schnell etwas zu trinken brauchst, wird dir, wenn du diesen Körpercode kennst, ganz von selbst klar, was sich im Körper gerade tut.

➡ **Trocken oder nix oder „nichts gefühlt"**

Ein trockenes Gefühl tritt oft an den Tagen unmittelbar nach der Blutung und dann wieder nach dem Eisprung in der zweiten Zyklusphase auf. Es bedeutet: Keine Östrogen-Freundinnen sind unterwegs, Zaubertrank ist wahrscheinlich noch nicht (oder nicht mehr) im Angebot – schlechte Zeiten für Samenzellen!

➡ **Feucht**

Jetzt heißt es: Achtung, es tut sich was! Im Eierstock beginnen Eizellen heranzureifen, die ersten Östrogen-Freundinnen sind bei den Zervixdrüsen angekommen, es beginnt die Herstellung des Zaubertranks, die Saison ist eröffnet. Falls Spermien bei der Zyklusshow auftreten, haben sie jetzt bereits Chancen, im Wellnesscenter des Gebärmutterhalses zu überleben.

> +++ **TIPP** +++
>
> *Während des Tages beobachten und am Abend ins Zyklustagebuch eintragen!*

➡ **Nass**

Ein nasses Gefühl im Scheidenbereich heißt: Viele Östrogen-Freundinnen verwöhnen deinen Körper. Im Eierstock macht sich in diesen Tagen eine Eizelle bereit für ihren

Sprung ins große Abenteuer. Zervixschleim im Überfluss, da brechen Schlemmerzeiten für Spermienzellen an!

Trocken, rutschig oder glatt – Code II: Schon mal *getastet*?

Du musst ein paar Mal am Tag zur Toilette. Dabei wischst du dich mit dem Toilettenpapier ab. Da kann es sein, dass an manchen Tagen das Toilettenpapier wie eingeölt über den Scheideneingang gleitet. Er fühlt sich viel glatter, „rutschiger" an, anders als sonst. Wenn du mit den Fingern darüberstreichst, fühlt sich deine Scheide an diesen Tagen nass und glitschig an.

➡ **Wie eingeölt**
Wenn du dir an manchen Tagen „wie eingeölt" vorkommst, dann weißt du ganz genau, was gerade in deinem Körper abläuft: Viele Östrogen-Freundinnen sind unterwegs, eine Eizelle macht sich bereit für ihren Sprung, und es gibt Zaubertrank in Hülle und Fülle. Die Spermien finden paradiesische Zustände vor!

Klumpig, weißlich oder klar – Code III: Schon mal *gesehen*?

Man kann ihn wirklich sehen, diesen Zaubertrank. An bestimmten Zyklustagen klebt er nach dem Abwischen am Toilettenpapier. Dabei kann er unterschiedlich aussehen, denn

Wenn du den Zervixschleim in der ersten Zyklusphase erstmals siehst,

ist er zunächst meist weißlich, dicklich, klebrig, evtl. zäh-elastisch.

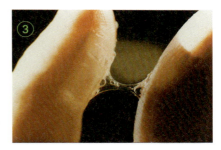

Je mehr Östrogene an den Zervixdrüsen aktiv sind, umso glasiger wird er.

Um den Eisprung herum sieht er dann oft aus wie rohes Eiklar und

lässt sich in langen Fäden ziehen, der Zervixschleim wird »dehnbar« oder »spinnbar«.

Nach dem Eisprung wird er schnell wieder dicklich und verschwindet dann ganz.

er verändert sich je nachdem, wie viele Östrogenfreundinnen gerade am Werk sind. So kannst du von außen mitverfolgen, was in dir gerade abläuft. Der genaue Tag des Eisprungs lässt sich so aber nicht feststellen.

➡ Dickflüssig, klumpig, weißlich

Wenn du im Zyklusverlauf zum ersten Mal weißlichen, dickflüssigen, klebrigen, klumpigen Schleim bemerkst, dann sind die Östrogen-Freundinnen an der Arbeit. Sie haben bereits so viel Zaubertrank gebildet, dass er aus dem Muttermund quillt, die Scheide hinunterläuft und außen sichtbar wird. Im Eierstock reift eine Eizelle heran. Die Spermienzellen könnten sich jetzt im Wellnesscenter im Gebärmutterhals ein paar Tage lang verwöhnen lassen, nach und nach hochwandern, um an Ort und Stelle zu sein, wenn „es so weit ist".

➡ Glasig und dehnbar

Wenn der Zervixschleim in den nächsten Tagen immer mehr, immer durchsichtiger und immer glasiger wird, wenn er aussieht wie rohes Eiweiß und sich in Fäden ziehen lässt (die Experten sagen, er ist „dehnbar" oder „spinnbar"), wenn er immer flüssiger wird, sodass du dich richtig „nass" fühlst im Scheidenbereich, dann heißt das: Unzählige Östrogen-Freundinnen sind in deinem Körper unterwegs, im Eierstock ist die Königin am Sprung, der Zaubertrank sprudelt, und den Spermien geht es hervorragend!

➡ Nichts mehr da

Wenn von einem Tag auf den anderen der Zervixschleim plötzlich verschwindet, auffallend weniger wird oder nur noch weißlich, klebrig, klumpig ist, dann ist das im normalen Zyklusverlauf die Phase, in der die Eisprungshelfer von der Chefetage ihren Einsatzbefehl erhalten haben: Jetzt wagt die Eizelle ihren Sprung ins große Abenteuer. Falls Spermienzellen bei der Zyklusshow auftreten dürfen, müssen sie sich sehr beeilen, sonst verpassen sie die nächsten, entscheidenden Stunden, in denen die Eizelle noch auf sie wartet. Die fruchtbare Zeit geht dem Ende zu.

> **+++ FAKT +++**
>
> Der Eisprung findet häufig an dem Tag statt, an dem zum letzten Mal dehnbarer, glasiger Zervixschleim zu beobachten ist bzw. auch noch am Tag danach, wenn plötzlich nur noch wenig oder gar kein Schleim mehr zu sehen oder zu spüren ist. Auf den Tag oder gar die Stunde genau lässt sich der Zeitpunkt des Eisprungs durch den Körpercode Zervixschleim nicht erkennen. Das ist aber auch gar nicht notwendig!

Sabines Zyklustagebuch:

Nach der Blutung konnte Sabine vom sechsten bis zum achten Zyklustag in ihrem Scheidenbereich nichts spüren. Am neunten Zyklustag „kribbelte" es in der Scheide, und Sabine fühlte etwas Feuchtes. Das trug sie auch am Abend in ihr Zyklustagebuch ein. Am nächsten Tag bemerkte sie zum ersten Mal den Zaubertrank auf dem Toilettenpapier. Er war dickflüssig, weißlich, klumpig, und so blieb er während der folgenden Tage. Am 16. Zyklustag sah sie zum ersten Mal glasigen Schleim, der sich in Fäden ziehen ließ. Am Tag darauf bemerkte sie ebenfalls dehnbaren Schleim. Sie fühlte sich richtig nass. Am 18. Zyklustag war es plötzlich anders. Ihr fiel abends auf, dass sie tagsüber nur ein einziges Mal ein wenig weißlichen, dickflüssigen Zervixschleim hatte sehen können. Einen Tag später war auch damit Schluss, es gab nichts mehr zu sehen und nichts mehr zu fühlen.

+++ FAKT +++

Lass dich nicht beunruhigen, wenn du z. B. (noch) keinen dehnbaren, glasigen Zervixschleim siehst. Er tritt von Frau zu Frau in unterschiedlicher Ausprägung auf. Es gibt Frauen, die diesen dehnbaren, glasigen Schleim noch nie gesehen haben und trotzdem völlig gesund sind. Wichtig ist nur, eine Veränderung festzustellen, die sich dann wieder zurückbildet.

Wenn du den Zervixschleim in deinem Zyklus beobachtest und deine Bemerkungen im Tagebuch notierst, kannst du verschiedene Abkürzungen verwenden:

Es war bereits die Rede davon, dass nach dem

♥ ❀ Mein Zyklustagebuch

Thermometer
❏ im Mund
❏ in der Scheide
❏ im Po

Zyklus-Nr.:____

Zyklustag / Datum		1	2	3	4	5	6	7	8	9	10	11	12	13	14	15	16	17	18	19	20	21	22	23	24	25	26	27	28	29	30	31	32	33	34	35	36	37	38
Zaubertrank / Zervixschleim	S+																S+	S+																					
	S										S	S	S	S	S	S			S																				
	f									f																													
	t/ø						ø	ø	ø											ø	ø																		

S+ = nasses, glitschiges, rutschiges, öliges, weiches, glattes Gefühl im Scheidenbereich
glasiger, durchsichtiger oder dehnbarer, spinnbarer oder eiweißartiger Schleim, rötlicher Schleim oder dünnflüssiger Schleim

t = trockenes Gefühl im Scheidenbereich
ø = nichts gefühlt, nichts gesehen
f = feuchtes Gefühl im Scheidenbereich
S = weißer, gelblicher, dickflüssiger, klebriger, klumpiger, nicht dehnbarer Schleim

Körpercode Temperaturanstieg: das Progesteron-Team heizt ein

Eisprung das Heizkraftwerk des Menschen, das Temperaturregulationszentrum im Gehirn, vom Progesteron-Team aus dem Gelbkörper hochgefahren wird. Vielleicht nach dem Motto: „Babys brauchen's warm", steigt die Körpertemperatur an. Die Körpertemperatur der Frau (die sogenannte Basaltemperatur) steigt in der zweiten Zyklusphase um höchstens ein halbes Grad Celsius (0,2 ° bis 0,5 °C).

Merkt man da überhaupt etwas davon? Diesen geringen Wärmeanstieg spürst du natürlich nicht. Da brauchst du schon ein feines Messinstrument und exakte Messbedingungen, damit diese leisen Signale nicht untergehen.

Beim Messen musst du Folgendes beachten:
➡ Messen kannst du auf drei verschiedene Arten:
  • im Mund („oral")
  • in der Scheide („vaginal")
  • im Po („rektal")
➡ Innerhalb eines Zyklus solltest du die Art des Messens nicht wechseln!
➡ **Wichtig zu wissen:** Unter der Achsel zu messen ist viel zu ungenau!
➡ Wenn du im Mund misst, achte darauf, dass der Temperaturfühler unter der Zunge liegt, dicht am Zungenbändchen. Dein Mund muss während der Messung geschlossen sein. Außerdem solltest du vorher nicht reden, nichts trinken – und natürlich auch nicht rauchen.

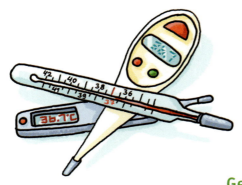

Es gibt verschiedene Thermometer, aber nicht alle sind für die Messung der Progesteronwärme besonders geeignet.

Gebrauchsanweisung für den Messerfolg

Um die Progesteronwärme zu ermitteln, verwendet man ein Thermometer. Ein ganz normales Thermometer mit einem Quecksilberersatzstoff ist dafür am besten geeignet, es ist sehr genau – und billig obendrein!

Wenn du ein Digitalthermometer zu Hause hast, achte darauf, dass du damit nach dem Signalton noch weitermessen kannst, insgesamt drei Minuten lang, damit dieser geringe Wärmeunterschied auch wirklich genau erfasst wird. Ein Digitalthermometer ist nur zum Fiebermessen geeignet und häufig zu unsensibel für die sanfte Progesteronwärme. Inzwischen gibt es auch Thermometer, die eigens zur Messung der Progesteronwärme entwickelt wurden.

Morgens – noch vor dem Start

Wenn du vom Sport kommst, bist du natürlich erhitzt, hast einen hochroten Kopf und steht dir der Schweiß auf der Stirn. Würdest du da deine Temperatur messen, hättest du beinahe Fieber.

Bewegung und körperliche Aktivität lassen die Temperatur deutlich ansteigen. Wenn du die sanfte Progesteronwärme ermitteln willst, wird dir das nach zehn Liegestützen, nach dem Joggen oder Duschen nur schwer gelingen. Es müssen immer dieselben Bedingungen herrschen. Das ist nur der Fall, wenn der Körper völlige Ruhe hat. Weil er zu der nur im Schlaf findet, gilt,

- **unmittelbar nach dem Aufwachen messen.**

Je später, desto höher

Wer schon mal Fieber hatte, kennt das Phänomen: Morgens ist sie meistens nicht so hoch, aber in den Nachmittagsstunden steigt die Temperatur an, bis sie abends viel höher ist als noch in der Früh. Die Körpertemperatur des Menschen ist am Morgen am niedrigsten und steigt im Laufe des Tages um ein paar Zehntelgrad Celsius. Nachmittags um drei Uhr ist sie am höchsten, dann fällt sie wieder ab.

Wenn eine Frau an einem Tag um sechs Uhr morgens misst und am nächsten Tag um zehn Uhr, dann kann die Temperatur also genau um so viel höher sein, wie der durch die Progesteronwärme verursachte Unterschied beträgt. Wenn dieser Einflussfaktor nicht berücksichtigt wird, könnte er mit der Progesteronwärme verwechselt werden.

Deshalb hat man früher den Frauen auch geraten, sich den Wecker zu stellen und jeden Morgen zur gleichen Uhrzeit zu messen. Das ist natürlich eine Zumutung und völlig out. Um die Progesteronwärme richtig zu erfassen, ist nur wichtig: **Unmittelbar nach dem Aufwachen messen und immer die jeweilige Uhrzeit notieren!**

Cool, lebhaft oder beides
Welcher Typ bist du?

Es hilft dir auch, wenn du dir klarmachst, welcher „Temperaturtyp" du bist: Es gibt die Lebhaften, und es gibt die Coolen.

BIST DU EIN LEBHAFTER TYP?

Mit Luftsprüngen, d. h., mit Temperaturzacken nach oben, reagieren die lebhaften Typen auch in anderen Situationen, wenn sie zum Beispiel
- spät ins Bett gegangen sind,
- schlecht oder zu wenig geschlafen haben,
- abends viel zu viel gegessen haben,
- lang und wild gefeiert, getanzt haben,
- ungewohnt viel Alkohol getrunken haben,
- Stress haben,
- in Urlaub fahren (Reise, Umgebungswechsel, Klimaveränderung),
- krank oder erkältet sind oder Medikamente einnehmen.

Bei den Lebhaften geht die Post ab. Sie sind immer „in Action". Wenn diese Mädchen oder Frauen mal länger schlafen, macht die Temperatur gleich einen kleinen Luftsprung und steigt um ein paar Zehntelgrad Celsius an. Da geht der durch die Progesteronwärme verursachte Temperaturanstieg natürlich völlig unter. Bei den lebhaften Typen hilft nur eins, um die sanfte Progesteronwärme von anderen Temperatursprüngen zu unterscheiden: Aufmerksam beobachten und die jeweiligen Gründe für ungewöhnliche Temperaturzacken herausfinden.

BIST DU EIN COOLER TYP?
Die Coolen bleiben natürlich cool, Störungen lassen sie ungerührt. Sie reagieren auf die Progesteronwärme und auf sonst nichts.

• **Deshalb ist es wichtig, alle möglichen Einflüsse und Besonderheiten ins Zyklustagebuch einzutragen!**

So extrem ausgeprägte Typen gibt es aber nur selten. In manchen Dingen reagiert man lebhaft, bei anderen bleibt man wieder cool. Spannend ist aber herauszufinden, welche Ereignisse einen „aufheizen" und welche einen „kaltlassen".

• **Diese Temperaturschwankungen werden, weil sie dabei stören können, den richtigen Temperaturanstieg zu erkennen, auch „Störungen" genannt. Sie werden im Zyklustagebuch einfach eingeklammert.**

Den Code entschlüsseln: dem Eisprung auf der Spur

Wenn es nun gelingen würde, die sanfte Progesteronwärme zu messen, könnte sie dabei helfen, den Code zu knacken und von außen zu erkennen, was sich im Körper abspielt.

- Wenn die Temperatur drei Tage lang deutlich höher liegt als an den sechs vorausgehenden Tagen,
- wenn sichergestellt ist, dass es sich um keine „Störungen" handelt, und
- wenn zu diesem Zeitpunkt auch der Zervixschleim, der vorher noch vorhanden war, nicht mehr gefühlt und gesehen werden kann,

… dann beginnt der zweite Akt der Zyklusshow! Die Eizelle hat ihren Sprung gewagt, aus dem leeren Eibläschen ist das Servicecenter, der Gelbkörper, entstanden, das Progesteron-Team ist unterwegs. Es verschließt das Tor und kümmert sich nun um die Inneneinrichtung der Luxussuiten. Ab sofort gilt das Stillhalteabkommen, es darf bis zum Zyklusende kein weiterer Eisprung im Eierstock mehr stattfinden.

Falls Spermien bei der Zyklusshow auftreten durften und eine davon glücklich mit einer Eizelle verschmelzen konnte, ist nun möglicherweise ein kleiner Embryo in Richtung Gebärmutter unterwegs: Wenn jetzt alles gut geht, ist ein großes Finale in Vorbereitung.

Falls die Spermienzellen jedoch den richtigen Zeitpunkt verpasst haben und jetzt erst erscheinen, haben sie nun, im zweiten Akt der Zyklusshow, keine Chance, sich ihren Lebenstraum erfüllen.

Dem Geheimcode auf der Spur

+++ FAKT +++

Frauen, die ihren Körper kennen und seine Zeichen beobachten, wissen viel genauer, wann sie ihre Tage bekommen. Denn wenn der Zervixschleim verschwindet und ihre Körpertemperatur ansteigt, können sie knapp zwei Wochen später mit ihrer Periode rechnen.

Sabines Zyklustagebuch:

Sabine hat sich in der Apotheke ein Thermometer gekauft. Damit misst sie die Progesteronwärme in ihrem Körper. Am Ende ihrer Periodenblutung, ab dem sechsten Zyklustag, misst sie jeden Morgen unmittelbar nach dem Aufwachen ihre Temperatur im Po, etwa drei Minuten lang.

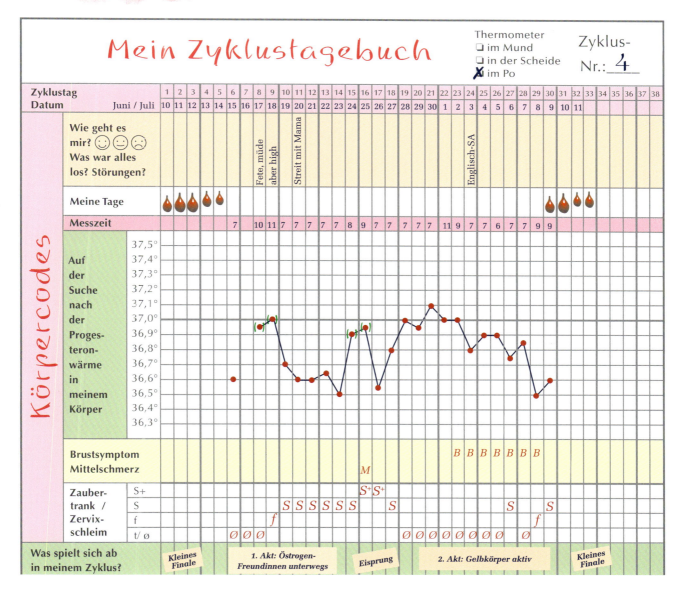

Am siebten Zyklustag hat sie verschlafen und keine Zeit zu messen. Der achte und neunte Zyklustag fallen auf ein Wochenende, da kann sie länger im Bett bleiben. Deshalb misst Sabine erst um zehn bzw. elf Uhr. Außerdem war sie am Samstagabend auf einer tollen Fete. Ihre Temperatur macht einen Sprung, was Sabine aber nicht weiter stört, weil sie ja weiß, dass der nicht mit ihrer Progesteronwärme zusammenhängen kann.

Am 15. und 16. Zyklustag wiederholt sich das Gleiche.

Sabine klammert die „gestörten Werte" einfach aus. Immer noch zeigt das Thermometer keine Progesteronwärme an. Kein Wunder, denn Sabine bemerkt in diesen Tagen sehr viel Zervixschleim, ein Zeichen dafür, dass die Östrogen-Freundinnen noch voll aktiv sind und der Eisprung noch gar nicht vorbei ist.

Am 18. Zyklustag schließlich steigt die Temperatur etwas an. Jedenfalls ist sie um ein ganzes Zehntelgrad Celsius höher als an den vorhergehenden sechs Tagen, von den Störungen natürlich abgesehen. Sabine ist neugierig auf die nächsten Messergebnisse. Und siehe da: Auch am 19. und am 20. Tag ist die Temperatur höher als an den sechs Tagen zuvor. Da die Temperaturen auch nicht durch eine Störung verfälscht waren und der Zaubertrank inzwischen verschwunden ist, kann sie am 21. Tag davon ausgehen, dass jetzt der Gelbkörper das Kommando übernommen hat. Der zweite Akt der Zyklusshow hat begonnen. Nach insgesamt zwölf höheren Messungen beginnt beginnt bei Sabine die Blutung und damit eine neue Zyklusshow.

> +++ **FAKT** +++
>
> Leider kannst du aus deiner Temperaturkurve nicht exakt den Tag ersehen, an dem dein Eisprung stattfindet. In Untersuchungen hat man aber festgestellt, dass der Eisprung ganz häufig an einem der beiden Tage vor dem Temperaturanstieg geschieht, auch noch an dem Tag, an dem die Temperatur ansteigt. Wenn die Temperaturkurve allerdings dann drei Tage lang deutlich höher ist, weißt du eines ganz sicher: Jetzt ist der Eisprung vorbei!

Körpercode Muttermund: das Tor zum Leben

Dieser Code ist ein bisschen schwieriger aufzuschlüsseln, denn zu seiner Erforschung begibst du dich vielleicht auf bisher völlig unbekanntes Gebiet. Hast du dich schon einmal „unten" angeschaut, mit einem Spiegel deinen Intimbereich gesehen und die äußeren und inneren Venuslippen (Schamlippen) geöffnet? Oder schon einmal ganz vorne die kleine Perle der Klitoris, den „Kitzler", berührt, der deinem Körper intensive Lustgefühle schenkt? Hast du jemals die verschiedenen Ein- und Ausgänge deines Körpers betrachtet, vorne die kleine Harnröhrenöffnung, in der Mitte der Scheideneingang und dahinter der Darmausgang? Bei jungen Mädchen ist der Scheideneingang normalerweise durch das Jungfernhäutchen verengt und damit geschützt, sodass weitere Erkundungen im Inneren der Scheide gar nicht möglich – und auch nicht nötig – sind.

Später einmal können Frauen, die schon Geschlechtsverkehr hatten oder bereits ein Kind zur Welt gebracht haben, ihr Körperinneres weiter erforschen und sich auch mit ihrem Muttermund, dem Tor zum Leben, vertraut machen. Dieser Bereich, stell ihn dir als Zugang zur Bühne des Lebens vor, gehört weder dem Freund oder dem Partner noch dem Frauenarzt. Er gehört allein dir, und es ist gut, ihn näher kennenzulernen.

Die Scheide – die bedeutendste Empfangshalle der Welt

Die verschiedensten Szenarien spielen sich in der Scheide ab. Bei der Blutung ist sie Schauplatz der allmonatlich notwendigen Renovierung der Luxussuiten.

Beim intimsten und schönsten Schauspiel, das die Erde kennt (es handelt von Liebe, Lust und Zärtlichkeit zwischen Mann und Frau), gleitet der Penis des Mannes in die Scheide der Frau und der Mann hat einen Samenerguss. Falls das Timing stimmt, begegnen die Spermien hier dem Zaubertrank und werden durch das Tor zum Leben eingelassen.

Beim großen Finale schließlich wird die Scheide wiederum zum Schauplatz für ein tiefbewegendes Ereignis. Dann bahnt sich hier, durch die unvorstellbar weit gewordene Öffnung von Muttermund und Scheide, ein Kind seinen Weg ins Leben.

Den Muttermund erkunden

Wenn eine Frau ihren Muttermund erkunden möchte, schiebt sie einen oder zwei (gewaschene) Finger zunächst schräg nach hinten und dann nach oben. Dort fühlt sie zunächst die etwas rauen Scheidenwände. Es sind kleine, „geriffelte" Falten zu spüren. Treffen die Finger auf ihrer Suche auf eine glatte, gerundete Fläche, dann haben sie den Muttermund entdeckt. Wer nicht sicher ist, ihn gefunden zu haben, hat ihn noch nicht gespürt. Glatt und zart wie die Oberfläche einer prallen Herzkirsche hebt er sich von den faltigen Scheidenwänden ab.

Dieses Tastgefühl ist einzigartig. Am Ziel gibt es auch noch ein Grübchen, die Öffnung

Die Erforschung des eigenen Körpers kann so spannend sein wie die Beobachtung eines großartigen Naturschauspiels.

des Muttermunds zu entdecken. Bei Frauen, die noch nicht geboren haben, ist die Öffnung eher rund, bei Frauen mit Kindern hat das Leben schon seine Spuren hinterlassen. Dann ist sie eher schlitzförmig.

Frauen, die die Veränderungen am Muttermund feststellen möchten, ertasten ihn regelmäßig, das heißt einmal täglich, zum Beispiel jeden Abend vor dem Schlafengehen. So gelingt es am besten, die geringen Veränderungen in der ersten Zyklusphase herauszufinden. Im Gegensatz dazu ist „die Rückbildung" des Muttermunds zu Beginn der zweiten Zyklusphase ziemlich deutlich zu beobachten.

➡ Ziemlich fest

Je nachdem, welcher Akt der Zyklusshow gerade gespielt wird, verändert sich das Tor zum Leben. Während der Blutung ist der Muttermund ein wenig geöffnet. Danach fühlt er sich eine gewisse Zeit lang – bis die ersten Östrogen-Freundinnen eintreffen – eher fest oder hart an, etwa so wie die Nasenspitze. Die Öffnung ist recht klein. Das Tor zum Leben ist noch zu.

➡ Es wird weicher

Sobald aber die Östrogen-Freundinnen mit den Vorbereitungen auf der Bühne des Lebens beginnen, kommen sie auch zum Muttermund. Ganz allmählich, Tag für Tag, öffnet er seine Tore immer weiter. Er wird besser durchblutet, fühlt sich dadurch viel weicher an, ähnlich wie die Lippen oder ein Ohrläppchen.

➡ Hoch hinauf

Bei manchen Frauen streckt sich die gesamte Gebärmutter – in freudiger Erwartung – etwas weiter nach oben, sodass man in diesen Tagen den Muttermund mit dem tastenden Finger kaum noch, manchmal überhaupt nicht mehr, erreichen kann.

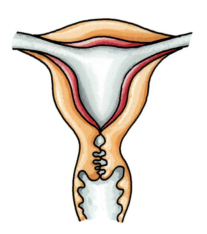

Nach der Blutung ist der Muttermund geschlossen, eher hart und gut zu ertasten.

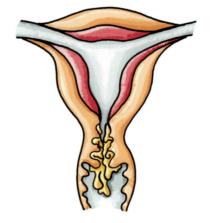

Wenn der Eisprung naht, ist er weich, geöffnet und schwerer zu ertasten.

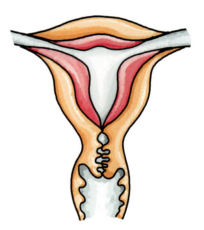

In der zweiten Zyklusphase ist er wieder geschlossen, hart und wieder leichter zu ertasten.

In der Zeit um den Eisprung herum ist der Muttermund sehr weich und am weitesten offen (rund 0,5 bis 0,75 cm), außerdem quillt Zervixschleim hervor.

⇒ Und wieder zu

Kurze Zeit später, wenn im zweiten Akt der Zyklusshow der Gelbkörper mit dem Progesteron-Team seine Arbeit aufgenommen hat, verändert sich alles wieder ziemlich schnell in die andere Richtung. Jetzt hat es keinen Sinn mehr, das Tor für neue Samenzellen offen zuhalten, schließlich ist die Eizelle entweder bereits befruchtet oder nicht mehr am Leben. Der Muttermund wird härter, schließt sich und ist mit dem Finger jetzt wieder leichter zu erreichen.

Körpercode Mittelschmerz: Glück tut manchmal weh

Vielleicht kennst du das: Glück und Schmerz liegen oft ganz eng beieinander. Dem freudigen Ereignis einer Geburt gehen Wehen voraus. Und wer sich heftig auf etwas freut, dem tut der Gedanke daran oft richtig weh. Unserem Körper geht es genauso. Das Heranwachsen einer neuen Eizelle und die Aussicht auf „ihre Geburt" ist eine aufregende Sache. Die Östrogen-Freundinnen stürmen durch den Körper und bereiten fleißig vor.

+++ **FAKT** +++
Wenn sich eine Frau ein Kind wünscht und einen Mittelschmerz hat, sollte sie wissen, dass dann die beste Zeit ist, um schwanger zu werden. Zur Verhütung sollte man sich jedoch nicht auf den Mittelschmerz verlassen.

Eileiter in heftiger Bewegung

Wenn Frauen das Ziehen nur auf einer bestimmten Seite spüren, könnte es auch verursacht werden durch die Muskelkontraktionen der Eileitermündung auf jener Seite, auf der die Eizelle im Eierstock heranreift. Dadurch sollen – so lassen neuere Untersuchungen vermuten – die Spermien regelrecht in den richtigen Eileiter hinein gesaugt werden.

„Total gespannt"

Auch das Eibläschen selbst ist ziemlich „gespannt". Wenn es größer und größer wird und in der immer dünner werdenden Hülle „die Spannung steigt", dann ist das manchmal kaum auszuhalten und kann recht unangenehme Schmerzen verursachen.

Flüssigkeit am Bauchfell

Ab und zu tut es auch weh, wenn die Eizelle ihren Sprung ins große Abenteuer gewagt hat und ein wenig Flüssigkeit aus dem Eibläschen in der Bauchhöhle nach unten läuft. Das sehr empfindliche Bauchfell reagiert auf seine Weise auf die freudige Nachricht von oben.

Nicht mit Blinddarm verwechseln!

Nur etwa drei von zehn Frauen spüren den sogenannten Mittelschmerz. Wenn Frauen zum ersten Mal dieses Symptom bemerken und plötzlich starke Stiche oder krampfartige Schmerzen spüren, wissen sie oft nicht, was das zu bedeuten hat. Dann besteht die Gefahr, diese ungestümen Körpersignale als Erkrankung zu interpretieren. So kommt es immer wieder vor, dass junge Frauen sehr beunruhigt sind und zum Arzt gehen. Manchmal ist es wirklich nicht einfach, zu unterscheiden, ob die akuten Unterbauchbeschwerden von einem entzündeten Blinddarm oder von einem harmlosen Mittelschmerz stammen. Hin und wieder wird aber auch die (Fehl-)Diagnose „akute Eierstocksentzündung" gestellt und eine ganz überflüssige Behandlung durchgeführt. Den Code richtig entschlüsseln aber heißt: Wenn du gerade in der Zeit, in der du auch Zervixschleim bemerkst, links oder rechts oder auch im ganzen Unterbauch krampfartige, stechende oder brennende Schmerzen spürst, entweder nur kurz oder auch etwas länger, manchmal sogar einige Tage lang, brauchst du dir keine Sorgen zu machen. Du weißt, dass es sich dabei um den „Mittelschmerz" handelt, ein schmerzhaftes Glücksgefühl deines Körpers. Unzählige Östrogen-Freundinnen sind jetzt unterwegs, und im Eierstock ist eine Eizelle bereit für ihren Sprung.

Sabines Zyklustagebuch:
In diesem Zyklus hat Sabine am 16. Zyklustag ein paar heftige Stiche im rechten Unterleib gespürt. War das der Mittelschmerz? Für alle Fälle notierte sie sich das Ereignis gleich mal in ihrem Tagebuch.

Körpercode Eisprungsblutung: ein wenig Blut rund um den Eisprung

Eine Eisprungsblutung ist eine Zwischenblutung, die rund um den Eisprung herum auftritt und nichts mit der Periodenblutung zu tun hat. Wie der Mittelschmerz ist sie eher selten. Über ihre Ursache ist leider noch nicht viel bekannt. Es wurde bereits erwähnt, dass sich die Östrogen-Freundinnen, nachdem sie im Gehirn den Einsatz der Eisprungshelfer (LH) erwirkt haben, zunächst einmal zurückziehen. Die Hormonmenge nimmt dadurch stark ab. Es wird vermutet, dass dann manchmal nicht mehr genügend Östrogene an den obersten Etagen der Gebärmutterschleimhaut aktiv sind, um sie ausreichend zu versorgen. Das hat zur Folge, dass diese oberste Schleimhautschicht ganz leicht blutet. Kein Grund

Dem Geheimcode auf der Spur

zur Sorge, wenn du auch diesen Code richtig entschlüsselt kannst: Das ist eine kleine Zwischenblutung, es ist die Zeit um den Eisprung.

Sabines Zyklustagebuch:
Sabine gehört zu den jungen Frauen, die ab und zu ein klein wenig Blut in ihrem Höschen finden, und zwar in der Zeit, in der auch Zervixschleim da ist. Manchmal ist nur der Schleim etwas blutig und sieht rötlich aus. Ganz selten ist die Blutung mal stärker, sodass man sie mit dem kleinen Finale verwechseln könnte. In diesem Zyklus ist Sabines Zervixschleim am 16. und 17. Zyklustag bräunlich bzw. rötlich gefärbt. Das beunruhigt sie nicht, sie notiert es lediglich in ihrem Zyklustagebuch.

> **+++ FAKT +++**
> *Es gibt auch noch andere Blutungen „außer der Reihe", die dann aber nicht in der Zeit um den Eisprung herum auftreten. Sie sind bei jungen Mädchen sehr selten, sollten aber vom Frauenarzt abgeklärt werden.*

Körpercode Brustsymptom: das Progesteron-Team im Übereifer

Erinnerst du dich noch an das übereifrige Progesteron-Team, das bereits in jeder zweiten Zyklusphase die Brustdrüsen der Frau auf das spätere Stillen eines Babys vorbereitet? Die Brust wird stärker durchblutet, kleine Drüsenläppchen bilden sich aus. Hier soll schließlich die beste Babynahrung der Welt entstehen! Dadurch wird der Busen oft etwas schwerer oder größer, er spannt, wird berührungsempfindlich und tut manchmal richtig weh.

Manche Frauen spüren dieses Ziehen oder Stechen erst wenige Tage vor der Blutung, bei anderen beginnt es schon früher, nämlich sobald das Progesteron-Team aus dem Gelbkörper bei den Brustdrüsen eingetroffen ist.

Jede Frau, die auch diesen Code geknackt hat, weiß: Wenn die Brust spannt und berührungsempfindlicher wird, dann hat das nichts mit Krankheit oder gar Krebs zu tun, sondern lediglich mit dem Übereifer des Progesteron-Teams. Der zweite Akt der Zyklusshow ist in

Das Progesteron aus dem Gelbkörper erscheint unter dem Lichtmikroskop wie ein leuchtender Kristall.

vollem Gange, in einigen Tagen kommt es zum kleinen Finale.

Wenn aber die Spermienzellen einige Tage zuvor rechtzeitig vor Ort waren, um der Eizelle zu begegnen, könnte auch ein großes Finale bevorstehen. Viele Frauen kennen dieses Zeichen und erzählen davon: „Plötzlich wurde mein Busen immer größer und schwerer. Da wusste ich genau: Jetzt bin ich schwanger!"

+++ FAKT +++
Es gibt noch viele Unklarheiten hinsichtlich der wahren Ursache des Brustsymptoms. Vieles spricht für ein Ungleichgewicht der Hormone. Derzeit gibt es sogar Hinweise, dass es mit einem Progesteronmangel zusammenhängen könnte.

Sabines Tagebuch:
In der letzten Woche vor der nächsten Periode wird Sabines Busen total empfindlich. Sie hat fast das Gefühl, ihr BH passe ihr nicht mehr. Im Tagebuch vermerkt sie diese Beobachtung jeden Tag mit einem „B".

Noch mehr Körpercodes – ganz individuell

Es gibt noch eine ganze Reihe von weniger auffälligen Körpercodes. Dabei handelt es sich um individuelle Erscheinungen, die mit der Zyklusshow zusammenhängen können – aber nicht müssen! Während sich viele Frauen den ganzen Zyklus über ziemlich gleich (gut) fühlen, sind andere empfindsamer und spüren den Wechsel ihrer inneren Jahreszeiten sehr intensiv. Sie bemerken dabei vielerlei körperliche und seelische Veränderungen:

Die Stimmung vorwiegend heiter
Gerade in der ersten Zyklusphase sind Frauen oft richtig gut drauf, fühlen sich gesund und topfit, strotzen vor Kraft und schaffen enorm viel. Es ist, als könnten sie Berge versetzen.

Alexandra (13):
Meine Mutter hat öfters Kopfweh, dann ist sie unausstehlich. Wir lassen sie, soweit es geht, in Ruhe, dann kommen wir am besten damit klar. Sie sagt, das bekäme sie immer vor ihrer Periode. Hoffentlich bleibt mir das mal erspart. Das ist ja nicht bei allen so. Die Mutter meiner Freundin zum Beispiel hat damit überhaupt keine Schwierigkeiten. Bei ihr merkt keiner, wann sie ihre Tage kriegt.

Vielleicht sind es die Frühlingsboten oder die vielen Östrogen-Freundinnen, die sie so unterstützen. Ihre Haut ist samtig und rein, ihre Haare glänzen, sie fühlen sich wohl in ihrem Körper und genießen das Leben.

Manchen Frauen fällt auf, dass sie zu bestimmten Zeiten viel größere Lust auf Zärtlichkeit haben, auch Lust, die Spermienzellen bei der Zyklusshow mitspielen zu lassen. Sie spüren das in der Zeit ihrer Regelblutung oder in der ersten Zyklusphase, wenn viele Östrogen-Freundinnen unterwegs sind. Manchmal fühlen sich

> *Gerade jene Frauen, die den Frühling und den Sommer in ihrem Zyklus sehr intensiv erleben, spüren natürlich auch die Begleiterscheinungen von Herbst und Winter mehr als andere.*

Mädchen und Frauen dann einfach „verliebt" – ohne zu wissen, in wen und warum. Sie sehnen sich nach Streicheleinheiten.

Die Östrogen-Freundinnen sorgen dafür, dass du dich in deiner Haut wohlfühlst und gut drauf bist.

An manchen Tagen „down"

Gerade gegen Ende der zweiten Zyklusphase fühlen sich manche Frauen müde, schlapp und zu gar nichts in Stimmung. Manche sind beinahe depressiv oder „nah am Wasser gebaut". Schwierige Situationen, die sie zu anderen Zykluszeiten ertragen können, finden sie jetzt absolut unerträglich. Dementsprechend sind auch ihre Reaktionen gefühlvoller, heftiger als sonst.

Auch körperlich fühlen sich manche nicht so wohl, Hautunreinheiten und Pickel sprießen, die Haare sind widerspenstig, werden schneller fettig und lassen sich nicht wie gewohnt stylen. Gerade in der Zeit vor der nächsten Periode haben einige Frauen häufiger Kopfschmerzen oder Migräne, andere wiederum bekommen Durchfall oder Verstopfung, oder das Gefühl, dauernd auf die Toilette zu müssen. Manche fühlen sich wie aufgebläht, einige nehmen auch wirklich – durch Wassereinlagerungen – ein bis zwei Kilo zu. Sobald die Periode eintritt, ist alles wieder vorbei.

Es gibt noch andere, sehr unterschiedlich ausgeprägte Körperzeichen, die einzelne Mädchen und Frauen immer wieder an sich wahrnehmen, aber erst dann verstehen können, wenn sie sie in ihr Zyklustagebuch eintragen und allmählich einer bestimmten Zyklusphase zuordnen können.

Eines solltest du nicht vergessen:
Vieles, was vorschnell und eher abwertend dem Zyklus in die Schuhe geschoben wird („Lass sie in Ruhe, sie bekommt bald ihre Tage!"), hat überhaupt nichts mit der Zyklusshow zu tun.

+++ **FAKT** +++

Es gibt zwar eine ganze Reihe von Untersuchungen zu PMS, aber die Gründe sind noch weitgehend ungeklärt. Eines jedenfalls scheint festzustehen: Frauen, die großen seelischen oder körperlichen Stress haben – auch mit ihrem Frausein –, leiden viel häufiger daran als andere.

Vielmehr sind es die ganz normalen Alltagssituationen, die ein Mädchen oder eine Frau „nach unten" oder auch „nach oben" ziehen, all die Licht- und Schattenseiten des Lebens, auf die sie eben nicht wie ein Roboter, sondern wie ein lebendiger, empfindsamer Mensch reagiert.

Ob und wie sehr der Zyklus das Leben einer Frau tatsächlich beeinflusst, lässt sich am besten durch ein Zyklustagebuch herausfinden.

+++ **FAKT** +++

Vielleicht hast du schon einmal etwas vom „Prämenstruellen Syndrom" (PMS) gehört. Bei diesem medizinischen Fachausdruck handelt es sich in Wirklichkeit um eine Art „Schlamperkiste", in die alle körperlichen und seelischen Beschwerden, unter denen Frauen an den Tagen vor den Tagen leiden können, abgelegt werden. Deshalb sucht man auch hier vergeblich nach einem Ordnungsprinzip und nach der wahren Ursache für das gestörte Wohlbefinden der Frauen.

8 Zykluslänge – Zyklusschwankung – Wann bin ich fruchtbar?

Was heißt hier regelmäßig?

Wie lang soll ein Zyklus sein? Man hat uns gelehrt, ein gesunder Zyklus habe 28 Tage und richte sich nach dem Rhythmus des Mondes. Deshalb wurde auch damals bei der Entwicklung „der Pille" genau darauf geachtet, diesen Vier-Wochen-Rhythmus zu übernehmen. Den Frauen sollte so das Gefühl gegeben werden, ihr Körper und ihr Zyklus seien gesund, regelmäßig und funktionieren der Norm entsprechend. So gibt es tatsächlich viele Mädchen und Frauen mit regelmäßigen 28-Tage-„Zyklen". Dass diese vermeintliche Regelmäßigkeit aber nicht das Geringste mit den Vorgängen ihres eigenen Körpers zu tun hat, wissen die wenigsten.

Am Anfang sind noch Proben nötig – Zyklusregulation in den ersten Jahren nach der Menarche

Obwohl den meisten bekannt ist, dass sich der Zyklus in den ersten Jahren nach der ersten Blutung noch „einspielen" muss, herrscht oft große Ungeduld und Unzufriedenheit, wenn die Periode noch nicht regelmäßig kommt.
Ein Vergleich: Eine Mutter sucht verzweifelt eine Beratungsstelle auf und klagt, dass ihr Baby mal einen Schritt macht, dann aber wieder hinfällt, mal gelingen ihm zwei Schrittchen, aber schon stolpert es wieder über seine eigenen Beine. Es übt schon seit zwei Tagen, und dennoch klappt das mit dem Laufen immer noch nicht! Die Reaktion auf die Ungeduld dieser Mutter ist leicht vorstellbar.

Es ist noch kein Meister vom Himmel gefallen. Auch der Zyklus muss erst „laufen lernen".

Wenn es um die Proben zur Zyklusshow geht, reagieren viele von uns ähnlich ungeduldig und unvernünftig. Sie erwarten, dass der „Meisterzyklus" vom Himmel fällt und alles von der Premiere an perfekt und regelmäßig funktioniert. Tut es aber nicht – und braucht es auch nicht –, wie im richtigen Leben. In den ersten Jahren nach der Premiere wird noch kräftig geprobt und trainiert.

+++ **FAKT** +++
Manche Mädchen gehen wegen ihres „unregelmäßigen Zyklus" zum Frauenarzt und bekommen dort immer wieder zur „Zyklusregulation" die Pille verordnet. Dadurch wird der eigene Zyklus jedoch nicht reguliert, er wird vielmehr komplett vom Spielplan gestrichen und durch den künstlichen 28-Tage-Rhythmus der Pille ersetzt. Ob alle Mädchen das wirklich wollten, wüssten sie genauer, was da passiert?

Deshalb gibt es verschiedene Übungsvarianten der Zyklusshow. Oft ist die Zeit bis zum Eisprung verlängert oder die Zeit danach verkürzt – oder beides zusammen. Häufig wird der Eisprung auch ganz ausgelassen. All das gehört zum offiziellen Trainingsprogramm. Dein Körper bittet dich damit einfach nur, ihm Zeit zu lassen und mit ihm Geduld zu haben.

Mich kann nichts mehr überraschen!

Es ist verständlich, wenn es Frauen als unangenehm empfinden, sich nicht darauf verlassen zu können, wann ihre nächste Periode kommt. Sie möchten nicht im unpassenden Moment von den Tagen überrascht werden, denn „es" bricht dann einfach über sie herein, sie können nichts planen und nichts berechnen. Jene Frauen, die mit ihrem Zyklus leben, die sich auskennen und mit ihren Körpercodes vertraut sind, kennen dieses Gefühl des Ausgeliefertseins aber nicht. Trotz möglicher Schwankungen wissen sie, wo im Zyklus sie gerade stehen und wann sie mit ihrer nächsten Periode rechnen können.

Ob junges Mädchen oder erwachsene Frau – für alle gilt: Die Zyklusshow ist live, und sie ist Leben pur! Keine Aufzeichnung, kein Videoband, kein Playback. Gute Showmaster und Schauspieler kleben nicht stur an ihren Texten, sie sind flexibel, reagieren spontan auf aktuelle Ereignisse und richten sich nach ihren Gästen und der Publikumsreaktion. Gerade das macht eine Darbietung spannend und einzigartig! Der Kick einer Live-Show passt aber nicht mit einer exakt vorgegebenen Sendezeit zusammen. Nur Aufzeichnungen „aus der Dose" dauern immer genau 28 Tage.

Wer glaubt noch das 28-Tage-Märchen?

Die Wirklichkeit sieht so aus: Es gibt keine einzige Frau, die ein Jahr lang immer Zyklen von genau der gleichen Länge hat. Nur ganz wenige Frauen, nämlich 3 %, haben Zykluslängen, die sich innerhalb eines Jahres nur um drei Tage verändern, die also beispielsweise immer nur 27-, 28-, und 29-Tage-Zyklen haben. Üblich ist das nicht, bei den meisten herrschen Vielfalt und Abwechslung. Mal dauert ein Zyklus 27 Tage, der nächste 29, der nächste 33 Tage. Bei 60 von 100 Frauen schwankt die Zykluslänge in einem Jahr um mehr als eine ganze Woche. Fast jede zweite Frau hat Zyklusschwankungen von mehr als *zwei Wochen* innerhalb eines Jahres (das bedeutet z. B. 26- bis 40-Tage-Zyklen) – das ist live!

Deswegen ist auch der „normale" 28-Tage-Zyklus gar nicht so normal. Als man 10 000 Zyklen von gesunden Frauen gezählt hat, machte man eine überraschende Entdeckung:

+++ **FAKT** +++

Das normale Zyklusleben spielt sich in einem Zeitraum von 23 bis 35 Tagen ab. Dazwischen gibt es immer wieder mal noch kürzere oder viel längere „Ausreißer"!

Nur 13 % dauerten 28 Tage lang. Spitzenreiter war der 27-Tage-Zyklus, mit gerade mal 14 %. Wie man aus der Abbildung leicht erkennen kann, kommen längere Zyklen viel häufiger vor als kürzere.

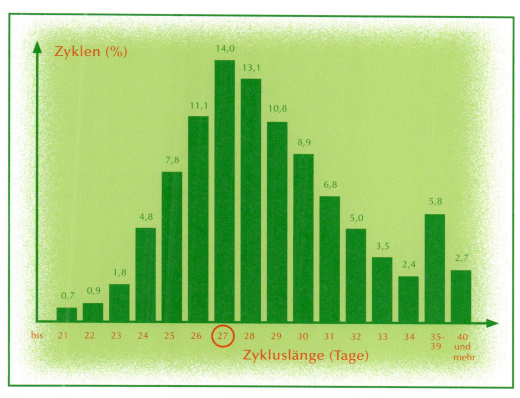

In dieser Untersuchung von 10 000 Zyklen sieht man, wie unterschiedlich und wie häufig die Zykluslängen bei gesunden Frauen sind.

Quelle: Springer, Heidelberg

Der erster Akt variabel, der zweite konstant

Oft wird die Zyklusshow mit einem Fußballspiel verwechselt, es geht um zwei Halbzeiten, und in der Mitte ist die Pause. So ist in vielen Schulbüchern und sogar in der medizinischen Fachliteratur zu lesen, dass der klassische 28-Tage-Zyklus zwei „Hälften" habe und der Eisprung normalerweise am 14. Tag erfolge. Die Wirklichkeit sieht anders aus. Weil es diesen klassischen Zyklus viel zu selten gibt, sollte man ihn nicht zum Maß aller Dinge machen.

+++ **FAKT** +++
Die erste Zyklusphase ist unterschiedlich lang. Sie kann wenige Tage, aber auch einige Wochen dauern.

Richtig ist: Der Zyklus hat zwei Phasen, und am Übergang von der ersten zur zweiten liegt der Eisprung.

Genau gleich lang sind die beiden Phasen jedoch nur in den seltensten Fällen.

Die Eireifungsphase: mal lang – mal kurz – immer lebendig

Die erste Zyklusphase ist es, die für die Lebendigkeit im Zyklus sorgt. Wenn die Frühlingsboten die Eizellen wecken, wenn sich auf den Eibläschen die Östrogene bilden, wenn sie ausschwärmen und die Bühne des Lebens vorbereiten, dabei die Gebärmutterschleimhaut aufbauen, den Muttermund öffnen und für den Zervixschleim sorgen, schließlich eine Eizelle ausgewählt wird, die weiterreift bis zu ihrem Sprung ins große Abenteuer, dann kann das sehr, sehr unterschiedlich lange dauern, von wenigen Tagen bis zu vielen Wochen!

Da gibt es richtige „Sprinter-Zyklen" mit einer sehr schnellen Eireifung. Im Extremfall kann der Eisprung schon am siebten bis zehnten Zyklustag stattfinden. Auf der anderen Seite gibt es auch „Marathon-Zyklen", in denen es Wochen dauert, bis eine Eizelle ihren Sprung wagt. Das ist oft der Fall, wenn die Zyklusshow noch eingeübt wird, also in

Corinna (15):
Meine ältere Schwester behauptet, sie kriege ihre Tage so regelmäßig, dass sie die Uhr danach stellen könne. Aber als sie das letzte Mal beim Frauenarzt war und bei dieser Gelegenheit mal ihren Menstruationskalender etwas genauer unter die Lupe nahm, war das mit der Regelmäßigkeit doch nicht so ganz überzeugend. Einmal hatte sie im letzten Sommer sogar einen Zyklus von 42 Tagen. Das ist ihr wohl gar nicht aufgefallen, weil sie da in Urlaub war!

> **+++ FAKT +++**
>
> Wenn der Zervixschleim deutlich weniger wird oder gar nicht mehr beobachtet werden kann und auch die Temperatur angestiegen ist, so kann sich eine Frau darauf einstellen, dass in zehn bis 16 Tagen ihre nächste Blutung beginnt. Frauen, die ihren Zyklus nicht beobachten, können immer erst im Nachhinein ausrechnen, wann der Eisprung gewesen ist, nämlich zehn bis 16 Tage vor ihrer Blutung.

der Pubertät, oder wenn die Frau viel Stress hat, wenn sie die Pille absetzt oder in die Wechseljahre kommt. Wer aber die Sprache seines Körpers kennt, weiß trotzdem, welcher Akt gerade gespielt wird.

An den Körpercodes lässt sich das erkennen: Wenn der Zervixschleim plötzlich verschwindet und gleichzeitig durch die Progesteronwärme die Körpertemperatur etwas angestiegen ist, dann sind das die Zeichen dafür, dass der Eisprung nun stattgefunden hat.

Der zweite Akt – der ruhende Pol

Im Vergleich dazu ist die Zeit nach dem Eisprung, die zweite Zyklusphase, geradezu ruhig. Der Gelbkörper entsteht, und das Progesteron-Team sorgt eine Woche lang für die Luxusausstattung der Gebärmutterschleimhaut. Es schließt den Muttermund, beendet die Zervixschleim-Produktion und erhöht die Körpertemperatur. Die Brustdrüsenvorbereitung läuft an, und das Stillhalteabkommen wird geschlossen – alles für den Fall, dass eine befruchtete Eizelle Richtung Gebärmutter unterwegs ist und sich dort nach einer Woche niederlässt. Bekommt der Gelbkörper jedoch keine Nachricht, wird nach wenigen Tagen des Wartens der Rückzug aus der Gebärmutterschleimhaut angetreten. Die nächste Blutung setzt etwa zwei Wochen nach dem Eisprung, genauer gesagt nach etwa 10 bis 16 Tagen, ein.

Wann kann ich schwanger werden?

Bei der Frage, ob ein Zyklus 28 Tage dauert oder länger bzw. kürzer ist, geht es eigentlich nicht nur darum, sich darauf einstellen zu können, wann die nächste Blutung kommt. Viel wichtiger ist es, zu verstehen, dass sich mit der unterschiedlichen Zykluslänge auch die Zeit verschiebt, in der eine Frau schwanger werden kann, die sogenannte „fruchtbare Zeit".

Werden Jugendliche oder Erwachsene nach ihrem Wissen über die fruchtbare Zeit im Zyklus gefragt, dann gibt es eine Reihe typischer Antworten: Die einen sagen „in der Mitte des Zyklus", die anderen „so um den 14. Tag", und wenn jemand mehr weiß und auch die Überlebenszeit der Spermien miteinrechnet, dann sagt er vielleicht „vom

Wann bin ich fruchtbar?

10. bis 16. Tag". So ungefähr haben wir das in der Schule gelernt. Oft stimmt es auch, aber genauso oft stimmt es nicht, und dann wird aus dem Wissen ein ziemlich problematisches Halbwissen.

Wer von „der Mitte des Zyklus" spricht, geht in der Regel von einem 28-Tage-Zyklus aus, den es allerdings nur in 13 % der Fälle gibt. So oft, oder besser gesagt: so selten, könnte auch der Eisprung genau am 14. Tag stattfinden. Deshalb bedeutet es eine ziemlich grobe Vereinfachung, wenn die fruchtbare Zeit „in der Mitte des Zyklus" festgesetzt wird. Manchmal hat dies weitreichende Folgen.

• Es gibt Paare, die sich ein Baby wünschen, bei denen es aber genau deswegen nicht klappt, weil sie ihr Wissen aus dem Schulunterricht anwenden und nur in der Zeit rund um den 14. Tag annehmen, sie wären fruchtbar.

> *Jasmin (12):*
> *„Neulich habe ich mitgekriegt, wie meine Mutter einer Bekannten erzählte, dass mein Bruder am siebten Zyklustag entstanden sei, zu einem Zeitpunkt, als Mama noch ein bisschen Blutung hatte. Sie hatte gedacht, da könne noch nichts passieren!"*

• Andere aber, die sich gerade kein Kind wünschen, werden möglicherweise unbeabsichtigt schwanger, weil sie meinen, die „gefährlichen Tage" seien nur die wenigen Tage in der Zyklusmitte. Es wird angenommen, während der Blutung und an den ersten paar Tagen danach (sechster bis neunter Tag) könne noch nichts passieren, und danach sei der Eisprung ohnehin schon vorbei. Die Wirklichkeit sieht anders aus!

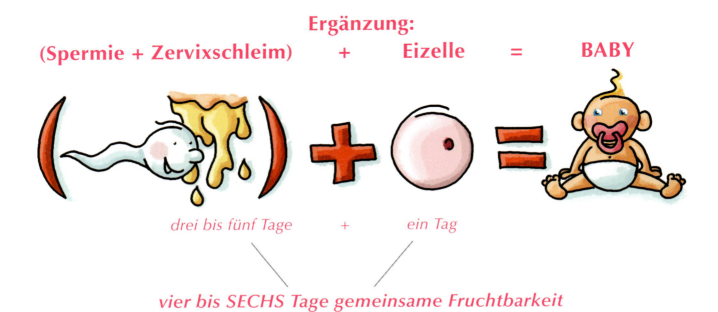

Ergänzung:
(Spermie + Zervixschleim) + Eizelle = BABY

drei bis fünf Tage   +   ein Tag

vier bis SECHS Tage gemeinsame Fruchtbarkeit von Mann und Frau in einem Zyklus

Die fruchtbare Zeit

Eine Frau kann schwanger werden an den fünf Tagen vor dem Eisprung und am Eisprungstag selbst, denn die fruchtbare Zeit umfasst die Lebenszeit der Spermienzellen von etwa drei bis fünf Tagen und die maximal eintägige Lebenszeit der Eizelle, das heißt insgesamt sechs Tage.

Früher Eisprung – frühe fruchtbare Zeit

Es gibt Zyklen, in denen die Eireifung rasend schnell verläuft, in 5 % aller Zyklen findet der Eisprung sogar bereits vor dem 12. Zyklustag statt und in 20 % schon vor dem 14. Zyklustag. In solchen Fällen haben die Frühlingsboten die Eizellen bereits während der Blutung aufgeweckt und sprinten die Östrogene schon an ihre Einsatzorte. So kann es sein, dass bereits während der letzten Blutungstage der erste Zervixschleim entsteht. Da die Spermienzellen darin bekanntlich bis zu fünf Tage überleben und auf den Eisprung warten können, ist eine Frau dann möglicherweise bereits während der letzten Tage ihrer Blutung fruchtbar.

+++ **FAKT** +++

- In der Hälfte aller Zyklen findet der Eisprung erst nach dem 14. Zyklustag statt.
- In jedem fünften Zyklus findet der Eisprung erst am 20. Tag oder noch später statt.
- Bei jungen Mädchen und Frauen findet der Eisprung häufig noch später statt.

(Aus einer Statistik von 10.000 Zyklen von gesunden Frauen)

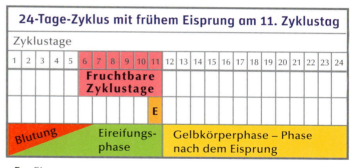

E = Eisprung

+++ **FAKT** +++

Für Frauen, die ihren Zyklus nicht kennen, muss jeder Zyklustag als möglicherweise fruchtbar gelten.

+++ **FAKT** +++

Vorsicht mit den sog. „Zyklus-Apps" oder „Menstruations-Apps"! Sie sind nur zum Eintragen der Regelblutung geeignet. Oft werden auch die fruchtbaren Tage angezeigt, darauf darf man sich auf keinen Fall verlassen! Meist wird der Eisprung einfach am 14. Tag angegeben oder die fruchtbare Zeit aus vergangenen Zyklen berechnet – beides ist höchst unsicher!

Späterer Eisprung – spätere fruchtbare Zeit!

Es kann völlig unterschiedlich lange dauern, bis eine Eizelle ausgereift ist und ihren Sprung wagt. Dementsprechend verschiebt sich auch die fruchtbare Phase nach hinten: Es gibt „Marathon-Zyklen", in denen der Eisprung beispielsweise erst nach zehn Wochen stattfindet.

Wenn sich die Periode zur gewohnten Zeit nicht einstellt, machen viele Frauen einen Schwangerschaftstest. Wenn er negativ ist, gehen sie davon aus, nicht schwanger, aber auch nicht mehr fruchtbar zu sein, weil der Zyklus schon so weit fortgeschritten ist. Auch diese Fehleinschätzung kann manchmal zu unbeabsichtigten Schwangerschaften führen.

Frauen, die ihren Körper beobachten, schätzen es sehr, in solchen Fällen Bescheid zu wissen: Es hat sich lediglich ihre Eireifungsphase verlängert. Bei Kinderwunsch aber sind sie in der Lage, auch noch nach Wochen die fruchtbare Zeit zu erkennen.

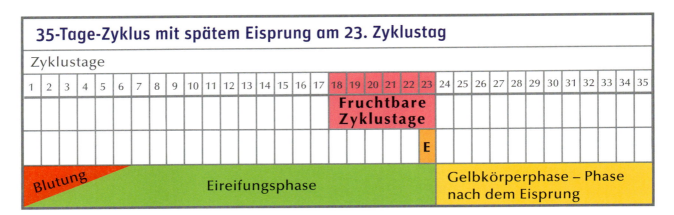

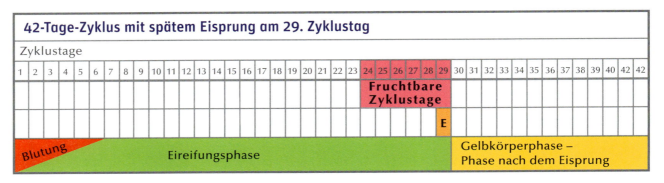

Auch während der Blutung kann eine Frau schwanger werden: Einerseits bei kurzem Zyklus und entsprechend frühem Eisprung, andererseits wenn es sich um eine Eisprungsblutung handelt. Nur Frauen, die ihren Zyklus beobachten, können das erkennen.

+++ FAKT +++

Wenn Frauen einen langen Zyklus erleben, der beispielsweise acht Wochen dauert, meinen manche, zwischen zwei Zyklen sei „eine Periode ausgefallen". Dem ist nicht so. Es hat nur ein Zyklus stattgefunden. Die Eireifung hat sich auf mehrere Wochen verlängert, und der Eisprung fand erst etwa zwei Wochen vor der nächsten Blutung statt.

+++ FAKT +++

Der Zervixschleim ist das Fruchtbarkeitszeichen Nr. 1! Wer Zaubertrank sieht, fühlt oder spürt, weiß: Spermienzellen können möglicherweise überleben und auf den Eisprung warten! Beste Zeit bei Kinderwunsch, gefährliche Zeit, wenn eine Schwangerschaft nicht beabsichtigt ist.

Das Märchen vom zweiten Eisprung

Es wird immer wieder behauptet, es gäbe zwei oder gar mehrere Eisprünge innerhalb eines Zyklus. Dieses Gerücht hält sich deswegen so hartnäckig, weil Frauen immer wieder berichten, sie seien „kurz vor ihrer Periode", so um den 28. Zyklustag herum, schwanger geworden. Sie haben gelernt, dass der Eisprung um den 14. Tag stattfindet, und müssen nun annehmen, der zur Schwangerschaft führende Eisprung sei ein zusätzlicher, zweiter Eisprung gewesen. In Wirklichkeit verlief alles ganz normal: Der erste und einzige Eisprung hat dieses Mal eben erst später stattgefunden. (Wenn Zwillinge oder Drillinge entstehen, gibt es natürlich mehrere Eisprünge, aber diese finden während der einen fruchtbaren Zeit innerhalb von sechs Stunden statt.)

9 Die Zyklusshow im Härtetest
Verschiedene Zyklusformen und ihre Ursachen

Der weibliche Körper ist unglaublich kräftig, zäh und anpassungsfähig. Nicht umsonst wurde den Frauen die Höchstleistung von Schwangerschaft und Geburt zugedacht. Dabei darf man die Frau aber nicht als Maschine verstehen, die zu jeder Zeit nach Plan funktioniert. Es liegt in ihrer Wesensart, das Auf und Ab des Lebens besonders intensiv zu erfahren. Sie bleibt davon nicht unberührt, sondern handelt, denkt und fühlt mit Herz und Verstand, mit Körper und Geist.

So ist auch die Art und Weise, wie reibungslos oder wie zögerlich, wie glatt oder wie holprig, wie schnell oder wie langsam der Zyklus in ihrem Körper abläuft, ein guter Gradmesser für ihr Wohlbefinden – frei nach dem Motto: „Zeige mir deinen Zyklus, und ich sage dir, wie es dir geht." Leider wird der Körper nicht selten missverstanden.

Achtung! Achtung!
Weise Warnsignale von oben

Da ist zum Beispiel eine junge Leistungssportlerin der Ansicht, ihr Körper funktioniere nicht richtig, weil ihre Blutung nur ganz unregelmäßig komme. Sie ist unglücklich und fühlt sich schlecht. Dabei ist gerade das Gegenteil der Fall: Ihr Körper reagiert optimal. Warum? Wer aus Versehen auf eine heiße Herdplatte fasst, zieht die Hand in Sekundenschnelle wieder zurück, weil der Schmerz den Körper durchdringt. Der Schmerz signalisiert „Gefahr". So sind auch die angeblichen „Zyklusstörungen" häufig nichts anderes als weise Warnsignale. Es ist die kluge Art des Körpers, sich den verschiedenen Lebensumständen anzupassen.

Bei jungen Mädchen gibt es manchmal Stress in der Schule, mit Noten und Prüfungen, Streit in der Familie, Scheidung der Eltern, Probleme mit den Freundinnen und dann auch noch der große Kummer um die erste Liebe.

Als Jugendlicher schont man seinen Körper nicht unbedingt: laute Discomusik, Party und durchfeierte Nächte, Rauch und Alkohol, Schlafmangel und andauernde Müdigkeit sind besonders belastend.

In späteren Jahren wird es kaum besser. Viele Frauen sind der Mehrfachbelastung von Beruf und Karriere, Job und Haushalt, Partnerschaft und Familie ausgesetzt. Sie kommen selten zur Ruhe und finden wenig Schlaf. Nicht immer sind es nur negative Ereignisse, denen unser Körper ausgesetzt ist. Auch außergewöhnliche Situationen wie Reisen, Klimaveränderungen und Urlaub können ihn anstrengen.

All das bedeutet STRESS. Erfreulicherweise gibt es immer wieder Mädchen und Frauen, deren Zyklus trotzdem ruhig und unbeeindruckt wie ein Fels in der Brandung steht und überhaupt nicht auf äußere Einflüsse reagiert. Oft aber ist es anders. Wenn es dem Körper zu viel wird, verordnet er sich selbst eine Ruhepause, schaltet einen Gang zurück, manchmal ist er auch zu richtigen Einsparmaßnahmen gezwungen. Der Rotstift wird zuerst da angelegt, wo es am wenigsten wehtut, beim Luxus, bei den schönen Dingen des Lebens. Deshalb ist das Zyklusgeschehen immer zuerst dran.

Die Folge sind Zyklusveränderungen, oft heißen sie auch „Zyklusstörungen". Dabei gibt es verschiedene Erscheinungsformen, die fließend ineinander übergehen.

Vielfältige Aktivitäten beanspruchen den Körper junger Frauen. Werden die Grenzen überschritten, bedeutet das Stress in der Chefetage. Zyklusstörungen sind dann nichts anderes als Warnsignale.

Stressvariante A: verzögerte Eireifung

Die normale Zykluslänge bewegt sich zwischen 23 und 35 Tagen. Wie auf den vergangenen Seiten bereits beschrieben wurde, ist es ganz normal, dass Frauen hin und wieder einen außergewöhnlich langen Zyklus erleben.

Manche Frauen neigen zu längeren Zyklen. Für sie ist es normal, dass ihr Zyklus fünf oder sechs Wochen dauert und ihr Eisprung eben erst nach drei oder vier Wochen stattfindet.

Problematischer wird es jedoch, wenn sie ständig Zyklen haben, die viel länger als 35 Tage dauern. Dann ist nämlich die Eireifung regelmäßig so stark verzögert, dass es beispielsweise nur noch vier bis fünf Mal im Jahr zum Eisprung kommt. Die Ärzte sprechen dann von einer Oligomenorrhö.

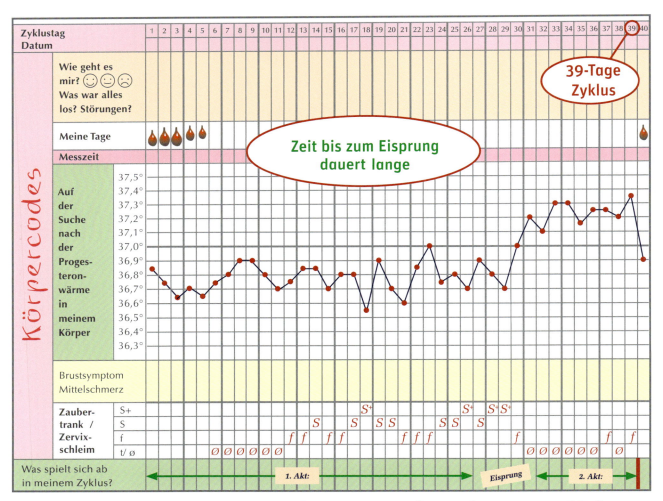

Zyklus mit verlängerter Eireifungsphase: Bis es hier zum Eisprung kommt, dauert es etwa 4 Wochen.

Zyklusformen und ihre Ursachen

Stressvariante B: Zyklus ohne Eisprung

Der Sprung ins große Abenteuer erfordert allen Mut der Eizelle und daher eine gründliche Vorbereitung. Alles muss bis ins kleinste Detail abgestimmt sein, sonst geht es schief. Außerdem braucht es eine Menge Unterstützung von außen. Die kommt von ganz oben, von den Eisprungshelfern aus dem Gehirn. Stressbedingt kann es hier nun zu Abstimmungsproblemen mit den Östrogenen kommen. Denn ein Eisprung erfolgt nur dann, wenn für eine ganz bestimmte Zeit auch eine bestimmte, hohe Östrogenkonzentration im Blut vorhanden ist. Wenn da die Östrogene „schwächeln", schaffen sie es nicht, den Einsatzbefehl des LH im Gehirn zu erwirken, und der Eisprung bleibt aus.

+++ **FAKT** +++

Einen Zyklus ohne Eisprung nennt man anovulatorisch. Da die Temperatur nicht ansteigt, spricht man auch von einem monophasischen Zyklus. Obwohl die Frau keinen Eisprung hatte, bekommt sie eine Blutung, da die Östrogene bereits in der ersten Zyklusphase die Gebärmutterschleimhaut aufgebaut haben.

Die Eizelle bleibt im Eierstock und löst sich dort langsam auf. Das Eibläschen schrumpft und bildet keine neuen Östrogene mehr.

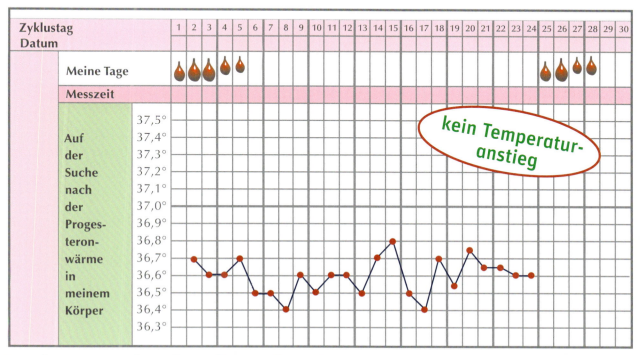

Beispiel eines „monophasischen Zyklus", in dem es keinen Eisprung und damit auch keine zweite Zyklusphase gibt.

Ohne Eisprung auch kein Gelbkörper und keine Luxusausstattung der Gebärmutterschleimhaut. Die zweite Zyklusphase fällt somit aus.

Der Rohbau wurde – mehr oder weniger vollständig – von den Östrogenen bereits aufgestellt, wird aber jetzt nicht mehr gebraucht. So kommt es über kurz oder lang auch ohne Eisprung zu einer Blutung. Sie ist keine echte Menstruationsblutung, weil keine Gelbkörperphase vorausging. Diesen Unterschied kann man „von außen" nicht erkennen, oder doch?

Was ist mit dem Zervixschleim?

Die Östrogene haben in der ersten Zyklusphase nicht nur die Gebärmutterschleimhaut im Rohbau aufgestellt, sondern auch die Zervixdrüsen aktiviert.

Das bedeutet, dass selbstverständlich auch ohne Eisprung Zervixschleim beobachtet werden kann.

Ein solcher Verlauf dauert unterschiedlich lange. Manchmal ist er verdächtig kurz, nur zwei bis drei Wochen. Oft aber ist er ganz normal lang und täuscht eine vollständige Zyklusshow vor. Ohne Thermometer würde niemand bemerken, dass hier der Eisprung und die zweite Zyklusphase einfach ausgeblieben sind. Manchmal zieht sich das Ganze über sechs bis zwölf Wochen hin.

Bis zum 20. Lebensjahr ist beispielsweise noch durchschnittlich fast jeder sechste Zyklus ohne Eisprung.

Wie findet man heraus, dass kein Eisprung stattgefunden hat?

Mit einem Thermometer – und ein paar logischen Schlussfolgerungen: Ohne Eisprung
- *kann sich aus dem zusammen-gefallenen Eibläschen kein Gelbkörper entwickeln,*
- *ist auch kein Progesteron-Team am Werk,*
- *und kann die Körpertemperatur mangels sanfter Progesteronwärme nicht ansteigen!*

+++ FAKT +++

Die zweite Zyklusphase, auch Gelbkörperphase, Progesteronphase oder Corpus-Luteum-Phase genannt, dauert etwa zehn- bis 16 Tage. Ist sie weniger als zehn Tage lang, spricht man von einer verkürzten Gelbkörperphase, Corpus-Luteum-Schwäche oder Lutealinsuffizienz.

Zyklusformen und ihre Ursachen

Stressvariante C: verkürzte Gelbkörperphase

In der zweiten Zyklusphase wird der Gelbkörper aktiv, das Progesteron-Team schwärmt aus. Damit es seinen Job gut machen und die Gebärmutterschleimhaut optimal vorbereiten kann, braucht es Zeit, gemessen an der durch das Progesteron erhöhten Körpertemperatur, mindestens zehn Tage, im Normalfall zehn bis 16 Tage. In besonderen Alters- und Lebenssituationen der Frau kann es vorkommen, dass dem Servicecenter „Gelbkörper" vorzeitig die Kraft ausgeht. Schon nach neun, acht, sieben Tagen, manchmal auch noch eher, steht nicht

Problematisch wird die Gelbkörperschwäche dann, wenn sich eine Frau ein Kind wünscht. Es kommt in diesen Zyklen zwar zu einer Befruchtung, weil die Östrogene für den Zaubertrank gesorgt haben und die Spermienzellen zur Eizelle vordringen konnten, aber wenn der Embryo nach einer Woche in der Gebärmutter ankommt und auf Luxussuiten hofft, herrscht dort bereits Aufbruchsstimmung. Das Progesteron-Team, das sich um das neue Leben hätte sorgen sollen, hat schon die Koffer gepackt und steht nicht mehr für Serviceleistungen zur Verfügung. Selbst wenn die Blutung noch nicht begonnen haben sollte, gibt es keine Unterstützung mehr. Der Embryo muss sterben.

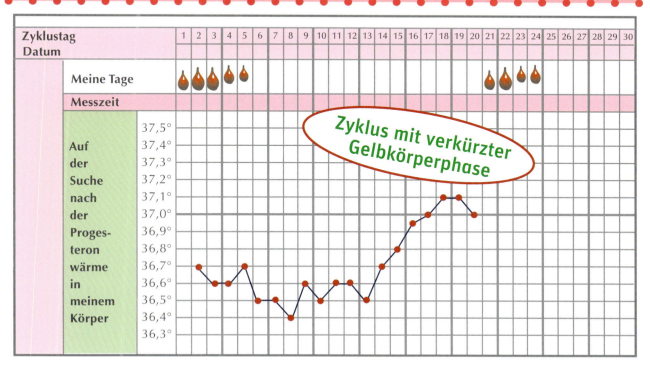

Hier dauert die zweite Zyklusphase (Gelbkörperphase) nur etwa eine Woche.

Zyklusformen und ihre Ursachen

mehr ausreichend Progesteron zur Verfügung. Die Temperatur sinkt ab, die Gebärmutterschleimhaut kann nicht mehr versorgt werden, und die Blutung setzt ein.

Diese Gelbkörperschwäche ist bei jungen Mädchen und Frauen völlig normal. Auch rund um die Wechseljahre, bei der Umstellung nach einer Geburt oder nach dem Absetzen der Pille ist diese Zyklusform häufig zu finden. Außerhalb dieser besonderen Umstände ist es oft die vielfältige Belastung, unter der Frauen stehen, die dazu führt, dass die zweite Zyklusphase zu kurz gerät.

> **+++ FAKT +++**
>
> Wenn eine Frau länger als drei Monate keine Tage mehr hatte, spricht man von einer Amenorrhö. Die Ursachen dafür sind u.a. extreme körperliche und psychische Belastungssituationen, wie Essstörungen (Magersucht, Ess-Brech-Sucht oder Fettsucht), Leistungssport oder auch bestimmte Krankheiten.

Stressvariante D: keine Blutung mehr

Der Zyklus reagiert oft sehr sensibel auf Diäten.

Es kann aber noch schlimmer kommen, nämlich dann, wenn sich die Chefetage gezwungen sieht, die Abteilung Zyklusshow komplett zu schließen.

Ein junges Mädchen hat Kummer, es fühlt sich gar nicht wohl in seiner Haut. Wenn es in den Spiegel blickt, schneidet es sich selbst Grimassen und schnauzt sich an: „Wie siehst du denn aus, diese furchtbaren Speckfalten, voll fett, du bist zum Kotzen! Ich kann dich nicht mehr sehen! Nimm endlich ab!" Es fasst einen Entschluss und beginnt zu hungern, radikal, unbarmherzig purzeln die Pfunde, mit zäher Energie gegen den eigenen Körper.

In der Chefetage herrscht helle Aufregung. Krisensitzungen werden abgehalten, der Notstand wird ausgerufen. Der Stoffwechsel wird heruntergefahren, in der Wachstumsabteilung ist Kurzarbeit angesagt, alle Kräfte werden im lebensnotwendigen Herz- und Kreislaufres-

Zyklusformen und ihre Ursachen

sort zusammengezogen. Hier kann man sich eine Einschränkung am wenigsten leisten.

Was aber wird aus der Abteilung für die Zyklusshow? Was geschieht mit den Frühlingsboten? Einen solchen Luxus kann man sich in diesen harten Zeiten nicht mehr leisten. „Nicht lebensnotwendig", so sagt man ihnen bei der Kündigung. Das ist das Ende der Zyklusshow.

Mit weitreichenden Konsequenzen: Wenn kein FSH die Eizellen aufweckt, bedeutet das auch das Ende für die Östrogene im Körper. Es gibt keinen Rohbau der Gebärmutterschleimhaut und keinen Zervixschleim mehr. Es wird keine Eizelle ausgewählt, und es findet auch kein Eisprung statt. Logischerweise gibt es dann auch kein Progesteron. Das Gebärmutterhotel verwahrlost, die Gebärmutterschleimhaut wird weder aufgebaut noch ausgestattet. Deshalb gibt es keine Luxusausstattung, die – wenn sie nicht mehr gebraucht wird – aus dem Körper fließen könnte. Die Blutung bleibt aus.

Diese Amenorrhö ist die heftigste Reaktion des Körpers auf große Beanspruchungen. Wenn die Blutung für mehr als ein halbes Jahr ausbleibt, ist es möglich, dass der Körper nicht mehr über genügend Östrogene verfügt. Sie aber sind für das Wohlergehen einer Frau entscheidend, ohne die treuen Freundinnen lebt es sich nicht gut, zumindest nicht auf Dauer. Schlimmstenfalls treten körperliche Schäden auf, vor allem an der Festigkeit des

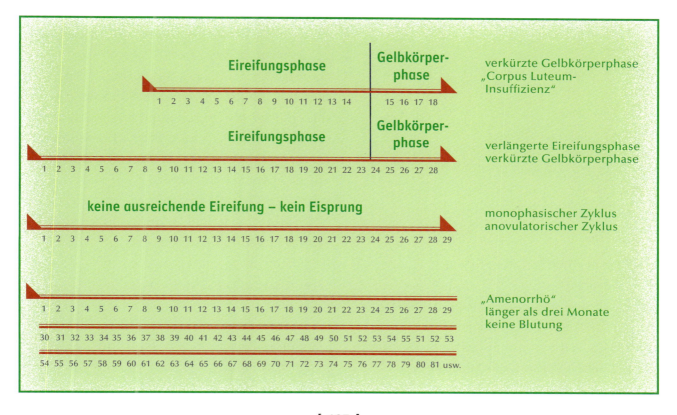

Knochenbaus, verbunden mit der Gefahr von Knochenschwund (Osteoporose). Am besten wäre es, die eigentliche Ursache der Amenorrhö möglichst schnell zu beseitigen. Wenn dies nicht gelingt, kann es in solchen Fällen notwendig werden, dem Körper vorübergehend Östrogenersatzstoffe zuzuführen.

Wenn zum Beispiel

- die Schilddrüse zu wenig oder zu viel arbeitet,
- der Zuckerstoffwechsel aus dem Gleichgewicht geraten ist,
- der Körper auch außerhalb der Zeit, in der ein Baby gestillt wird, Milchbildungshormon herstellt,
- wegen einer Hormonstoffwechselstörung zu viele männliche Hormone hergestellt werden (wie beim sog. PCO-Syndrom),

kann das die gesamte Chefetage ins Chaos stürzen.

Störfall in anderen Abteilungen der Chefetage

Natürlich darf man nicht jede ernsthafte Zyklusstörung den oben angeführten Stresseinflüssen in die Schuhe schieben. Es kann nämlich auch vorkommen, dass andere Abteilungen aus der Chefetage einfach schlecht wirtschaften und dadurch zu Unrecht die Abteilung Zyklusshow in Mitleidenschaft gezogen wird.

Dann treten die gleichen Störungen im Ablauf der Zyklusshow auf. Um eine derartige körperliche Erkrankung auszuschließen, ist es ratsam, länger andauernde Zyklusstörungen zu erkennen und vom Arzt untersuchen zu lassen.

Schnell und reibungslos – ein Dankeschön aus der Chefetage

Zum Glück treffen im Gehirn nicht nur Hiobsbotschaften ein. Wenn sich ein Mädchen wohlfühlt in seiner Haut, dann ist das wie eine Liebeserklärung an die Regie.
Wenn sie sich richtig freut, auf Ferien, den Besuch eines Freundes, auf die vielen kleinen und großen Dinge des Lebens, dann sind das „Glücksboten", die durch ihren Körper schwärmen. Und die können im Gehirn manches Wunder bewirken. So kann es sein, dass die Eizelle im Eiltempo heranreift und der Eisprung sehr früh erfolgt. Das ist immer ein gutes Zeichen, ein Danke von der Regie für die gute Zusammenarbeit.

10 Wirkung verschiedener Verhütungsmethoden im Körper der Frau

Wenn die beiden letzten Kapitel für dich von Interesse sind, dann hat dich dieses Buch schon über einige Jahre begleitet. Aus dir ist eine junge Frau geworden, die sich viele Gedanken macht, von einem glücklichen Leben träumt, vielleicht einen Freund und deshalb Schmetterlinge im Bauch hat, einfach verliebt ist.

Wenn die Menschen in deiner Umgebung, deine Eltern zum Beispiel, mit dir darüber ins Gespräch kommen, spürst du in erster Linie ihre Angst und Besorgnis, du könntest ungeplant schwanger werden. Das willst du selbst natürlich auch nicht. Wenn du dich jetzt informierst, bekommst du von vielen Stellen, aus Büchern und Broschüren, aus dem Bio-Unterricht und dem Internet jede Menge gut gemeinter Ratschläge, wie du dich am besten „schützen" kannst vor der „Gefahr". Meistens hört sich die „Lösung des Problems" ganz einfach an: „Nimm die Pille und noch zusätzlich ein Kondom – und alles ist in Ordnung!" Aber die einfachen Lösungen, nach denen sich alle sehnen, es gibt sie leider nicht. Und schon gar nicht in dieser Frage.

Es geht nämlich nicht (nur) um die Entscheidung, ob Pille oder Kondom oder beides zusammen, es geht um viel Wichtigeres. Es geht um zwei Menschen, um deren Körper, Geist und Seele. Es geht um ihre Gesundheit und ihr Wohlergehen, um Nähe, Zärtlichkeit, körperliche Lust und Leidenschaft. Es geht auch um Vertrauen, Respekt und Rücksicht, um Liebe und um Treue. Und es geht um die Zukunft und um neues Leben.

Denkt man an die vielen unbeabsichtigten Schwangerschaften, zu denen es trotz aller Aufklärungsmaßnahmen immer wieder kommt, wird eines doch ziemlich klar: Miteinander zu schlafen schließt auch heute die Möglichkeit neuen Lebens nicht aus. Wie geht man damit um? Welche Haltung nimmt man dazu ein? Um verantwortungsbewusste Entscheidungen treffen zu können, sollte man auch über die Vorgänge des Körpers Bescheid wissen und gut informiert sein.

Dieses Buch versucht, vor allem auf einer biologisch-medizinischen Ebene wichtige Informationen zu geben. Es zeigt, wie Verhütungsmethoden im Körper der Frau wirken. Diese Grundlagen werden in den üblicherweise erhältlichen Broschüren und Aufklärungsbüchern eher nicht vermittelt. Sie können nämlich auch nur dann richtig verstanden werden, wenn man die Zusammenhänge des Zyklusgeschehens, wie sie in den vorhergehenden Kapiteln dargestellt wurden, kennt. Auf der Basis dieses Wissens kannst du dir deine eigene Meinung bilden, kannst Für und Wider, Vorteile und Nachteile abwägen und verantwortlich mit deinem Körper, mit Sexualität und Liebe umgehen.

Wirkung verschiedener Verhütungsmethoden

Die Gleichung des Lebens gilt nicht mehr

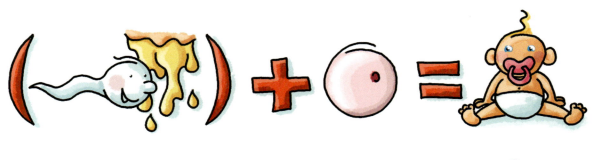

Spermie + Zervixschleim + Eizelle = Baby

Wenn die Spermienzellen während der fruchtbaren Zeit, in der Zervixschleim vorhanden ist, zur Eizelle vordringen und eine davon mit ihr verschmilzt, dann entsteht ein neuer Mensch.

Die Gleichung des Lebens wird Wirklichkeit. Die meisten Verhütungsmethoden funktionieren so, dass ein Teil aus dieser Gleichung „entfernt" wird.

Sollen die Spermienzellen in dieser Gleichung nicht vorkommen, so ist das recht einfach für den Körper der Frau und ohne Einfluss auf das Zyklusgeschehen.

Die Spermienzellen werden daran gehindert, auf die Bühne des Lebens zu gelangen, zum Beispiel durch Kondom, Diaphragma, Portiokappe, Scheidenzäpfchen und -gels, Coitus Interruptus oder männliche Sterilisation.

Sollen jedoch die Bildung des Zervixschleims, die Reifung der Eizelle oder der Eisprung verhindert werden, dann bedeutet das mitunter einen deutlich stärkeren Eingriff in das Zyklus- und Körpergeschehen. Richtig problematisch wird es, wenn Spermie und Eizelle bereits verschmolzen sind und damit die Gleichung des Lebens schon Wirklichkeit geworden ist. In diesen Fällen wird nicht nur das Zyklusgeschehen beeinflusst, sondern auch ein beginnendes menschliches Leben an seiner Weiterentwicklung gehindert.

Die Pille – Wirkung auf die Zyklusshow

Wenn man Leute auf der Straße fragt, wie die Pille eigentlich wirkt, dann sagen die meisten: „Sie verhindert den Eisprung" und: „Sie täuscht eine Schwangerschaft vor."

An diesen Antworten ist zwar etwas Richtiges dran, nur sind sie beide nicht ganz vollständig.

Der Pillenzyklus als Kunstprodukt – Stillhalteabkommen von Anfang an

Mit der Pille werden dem Körper gleichzeitig ein Östrogenersatzstoff und ein Progesteronersatzstoff zugeführt. Diese künstlich hergestellten, hochwirksamen Hormone haben in ihrer chemischen Struktur eine gewisse Ähnlichkeit mit den Östrogenen aus dem Eibläschen und dem Progesteron-Team aus dem Gelbkörper. Auf dem Blutweg gelangen diese Substanzen ins Gehirn.

Wenn eine Frau mit einer Pillenpackung beginnt, gelangt bereits am ersten Tag Progesteronersatzstoff in den Körper – d.h. zu einem völlig anderen Zeitpunkt als im natürlichen Zyklus, wo das Progesteron-Team erst nach dem Eisprung in der zweiten Zyklusphase in Aktion tritt. Das Gehirn kann diesen Schwindel jedoch nicht erkennen und meint, der Eisprung sei bereits vorbei: Sofort tritt, wie im natürlichen Zyklus üblich, durch das Stillhalteabkommen eine Blockade in Kraft, wonach kein FSH zum Eierstock geschickt und keine Eizellen aufgeweckt werden dürfen. Es findet kein weiterer Eisprung statt. Gilt aber diese Blockade bereits vom ersten Einnahmetag an, wird dadurch das komplette natürliche Zyklusgeschehen gestoppt.

Obwohl es unterschiedliche Typen der Pille gibt, wirken sie alle nach dem gleichen Prinzip. Durch den Progesteronersatzstoff werden Hypothalamus und Hypophyse, die Chefinnen im Gehirn, in die Irre geführt und letztendlich ausgeschaltet. Dadurch bleiben die notwendigen Regieanweisungen aus. Und die Folgen? Die Frau hat keinen Zyklus mehr. Die Östrogenersatzstoffe spielen für den Wirkmechanismus selbst keine große Rolle, sie werden der Frau zugeführt, damit sie keinen Östrogenmangel erleidet.

> **+++ FAKT +++**
>
> Inzwischen sind neue, ziemlich teure Pillen auf dem Markt, die damit beworben werden, dass sie nur natürliches Östrogen enthalten. Was auf den ersten Blick verlockend klingt, darf jedoch nicht darüber hinwegtäuschen, dass diese Pillen weiterhin künstliche Progesteronersatzstoffe enthalten. Zudem werden die natürlichen Östrogene, wenn sie als Tablette geschluckt werden, leider in der Leber sofort wieder abgebaut und sind damit nur wenig wirksam.

Eierstöcke stellen Arbeit ein

Die Eierstöcke sind ruhig gestellt, die Eizellen verharren im Winterschlaf. Es schwärmen keine körpereigenen Östrogene aus, die sich um das Wohlergehen der Frau sorgen.

Wirkung auf die Gebärmutterschleimhaut

An der Gebärmutterschleimhaut tauchen die Pillenhormone natürlich auch auf. Aber nicht, wie im natürlichen Zyklusverlauf, schön der Reihe nach, zuerst das Östrogen für den Aufbau der Schleimhaut und anschließend das Progesteron für die Innenausstattung. Nein, sie erscheinen gleichzeitig. Damit kommen sie sich ständig in die Quere: Während der Östrogenersatzstoff versucht, den Rohbau hinzukriegen, fängt das Gestagen bereits mit dem Innenausbau an und schleppt die Einrichtung herbei. Das Ergebnis ist alles andere als sehenswert:

„Gestagene" ist der Sammelbegriff sowohl für das körpereigene Progesteron als auch für die künstlich hergestellten Progesteronersatzstoffe, die manchmal auch als „Progestine" oder „Progestogene" bezeichnet werden.

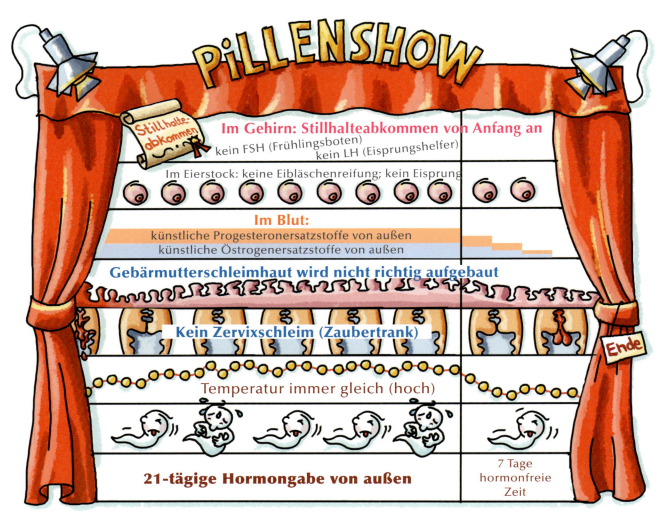

Wirkung verschiedener Verhütungsmethoden

Die Wände sind wackelig und schief, die Decken hängen viel zu tief, und die Inneneinrichtung bleibt karg. Von wegen Luxus, das Hotel ist ziemlich unbewohnbar!

Es kann vorkommen, dass die Menge der Östrogenersatzstoffe nicht ausreichend hoch ist und es zu Zwischenblutungen kommt. Die Ärzte sprechen in diesen Fällen von mangelnder Zyklusstabilität oder „Zykluskontrolle", was heißen soll, dass der 28-Tage-Rhythmus der Pillenblutung nicht eingehalten wird. Bei manchen Frauen wiederum kann es – je nach Präparat – vorkommen, dass die Blutung über Monate hinweg ganz ausbleibt.

> Viele Frauen legen großen Wert darauf, einen regelmäßigen Zyklus zu haben und im Vier-Wochen-Abstand zu bluten. Sie glauben, mit ihrem Körper wäre etwas nicht in Ordnung, wenn während der Pilleneinnahme Zwischenblutungen auftreten oder die Tage einmal ganz ausbleiben. Dabei ist „ihr Zyklus" unter der Pille nur ein Kunstprodukt!

zweiten Zyklusphase nach dem Eisprung passiert, wird jetzt – wenn bereits mit der ersten Pille der Progesteronersatzstoff in den Körper gelangt – künstlich über den gesamten Zyklus ausgedehnt. Der Zervixschleim wird abgeschafft, der Muttermund bleibt dicht.

Es gibt auch keine Zyklusveränderungen, die anhand des Zervixschleims beobachtbar wären. Manche Frauen beobachten ständig ein wenig Scheidensekretion, die jedoch häufig nichts mit dem Zervixschleim zu tun hat.

+++ FAKT +++

Die Hauptwirkung der Pille besteht darin, die Chefetage, d. h. das Gehirn, lahmzulegen. Durch sie gibt es keinen Zyklus mehr.

Pillenwirkung an den Zervixdrüsen

Noch einmal zurück zum Schicksal der Spermienzellen in der Scheide: Im natürlichen Zyklus versauern sie dort innerhalb kurzer Zeit, wenn nach dem Eisprung das Progesteron aus dem Gelbkörper arbeitet. Ein zäher Schleimpfropf verschließt den Muttermund, weit und breit kein Zervixschleim. Die Pille ahmt dieses Geschehen nach.

Was im natürlichen Zyklus erst in der

+++ FAKT +++

Die Pille täuscht keine Schwangerschaft vor, sondern nur die zweite Zyklusphase!

Manchmal ständig erhöht: die Körpertemperatur

Auch das Temperaturregulationszentrum im Gehirn geht dem Schwindel auf den Leim. Da der Progesteronersatzstoff bereits vom ersten Tag der Pilleneinnahme an im Körper ist, steigt bei manchen Präparaten die Temperatur ebenfalls sofort an und bleibt während der gesamten Pilleneinnahme erhöht. Weil es keinen Zyklus mehr gibt, ist eine Aussage darüber anhand der Körpertemperatur auch nicht mehr möglich.

Die Pille ist ein hochwirksames pharmazeutisches Präparat.

Das Ende vom Lied – die Hormonentzugsblutung

Im normalen Zyklus wird die Menstruationsblutung durch die Zurückbildung des Gelbkörpers ausgelöst, der erkannt hat, dass der Gast nicht gekommen ist. Die Hormonkonzentration fällt, die Gebärmutterschleimhaut kann nicht mehr versorgt werden und fließt nun als Menstruationsblutung aus dem Körper.

Mit der Pille ist das etwas anders: Zwar fällt auch hier die Hormonkonzentration ab, jedoch nicht durch den Beschluss des Gelbkörpers, seinen Job an den Nagel zu hängen, sondern dadurch, dass nach 21 Tagen die Pillenpackung zu Ende ist (oder für die restlichen sieben Tage nur noch Tabletten ohne Wirkstoff eingenommen werden). Dies bewirkt, dass auch die karge, von den Pillenhormonen an der Gebärmutter errichtete Gebärmutterschleimhaut nicht mehr aufrechterhalten werden kann und abblutet. Es kommt zu einer Hormonentzugsblutung. Da die Bausubstanz minderwertig war, gehen auch die Abräumarbeiten entsprechend kurz und schmerzlos vonstatten: Die Pillenblutung ist meist kürzer, leichter und weniger schmerzhaft.

Abgestufte Wirkung je nach Hormonkonzentration

Was bisher beschrieben wurde, gilt als der klassische Wirkmechanismus der Pille. Die von außen zugeführten Ersatzstoffe legen die Steuerzentrale im Gehirn lahm und erzeugen dadurch eine Blockade auf verschiedenen Ebenen. Der Eierstock verharrt im Winterschlaf, der Muttermund wird abgedichtet und die Gebärmutterschleimhaut unbewohnbar gemacht. Es ist also durchaus nachvollziehbar, warum die Pille von ihrem Prinzip her eine der sichersten Verhütungsmethoden ist.

Die zykluseigenen „Lebensgeister" setzen sich durch

Wie kann es dann aber möglich sein, dass

- Frauen manchmal glasigen Zervixschleim bei sich beobachten,
- der Frauenarzt bei der Kontrolluntersuchung nicht selten Eibläschen im Ultraschall entdeckt, manchmal sogar ein sprungreifes Eibläschen,
- die Verhütungssicherheit bereits dann nicht mehr gewährleistet ist, wenn die Pille nur einmal vergessen wurde,
- und es trotz gewissenhafter Einnahme manchmal zu einer Schwangerschaft kommt?

Die Antwort heißt: In all diesen Fällen war die zugeführte Hormonmenge doch nicht hoch genug, um die „zykluseigenen Lebensgeister" völlig niederzuringen. Das hat verschiedene Gründe.

Vom Hormonhammer zur Mikropille

Eine Ursache ist die im Laufe der Jahre immer geringer gewordene Hormonkonzentration in der Pille. Als sie in den 1960er Jahren auf den Markt kam, war die Menge der künstlichen Hormonersatzstoffe, mit denen der Körper der Frau fertig werden musste, mehr als doppelt so hoch wie heute. Weil diese „Hormonhämmer" natürlich auch häufiger zu schwerwiegenden Nebenwirkungen führten, hat man seither versucht, die Hormonmenge immer weiter zu verringern. Spricht man heute von „der Pille", so ist damit die Mikropille gemeint, d. h. eine Pille mit deutlich geringerer Menge an Östrogenersatzstoffen. Daraus ergeben sich jedoch andere Nachteile, einer davon ist das schon erwähnte Auftreten von Zwischenblutungen.

Jede Frau reagiert anders

Ein weiterer Grund für die unterschiedliche Wirksamkeit ist, dass die Menge an Hormonen, die an den Wirkorten ankommt, von Frau zu Frau verschieden ist. Jeder Körper geht ganz unterschiedlich damit um. Dabei kann z. B. das Körpergewicht eine Rolle spielen. Es kann sein, dass für zierliche Frauen die Hormondosis auch heute noch zu hoch ist. Bei anderen Frauen, mit höherem Fettanteil reicht sie wiederum nicht einmal aus, um die Gehirnzentrale wirklich zu blockieren.

Unabhängig davon haben weitere Faktoren oft noch größeren Einfluss darauf, ob es der Pille gelingt, den körpereigenen Zyklus auszuschalten: Wie schnell oder wie langsam die Pillenhormone in der Leber abgebaut werden, wie viele Eiweißstoffe im Blut vorhanden sind, die die Hormone an sich binden und damit unwirksam machen und vieles andere mehr. Schließlich spielt die Ernährung eine Rolle und natürlich auch,

> +++ **FAKT** +++
> Eine Pille in den ersten Tagen der Einnahme zu vergessen, vermindert ihre Sicherheit mehr als gegen Ende der Packung, weil sich im Blut am Anfang erst ein gewisser, ausreichend hoher Hormonspiegel aufbauen muss.

ob die Pille regelmäßig eingenommen wird und dadurch ein immer annähernd gleich hoher Hormonspiegel im Blut vorhanden ist.

Dies alles führt dazu, dass es, abgesehen von der totalen Blockade des gesamten Zyklusgeschehens im Gehirn, zu verschiedenen Abstufungen der Pillenwirkung kommt:

Blockade greift nicht mehr

Was passiert, wenn die Gestagenkonzentration im Gehirn nicht mehr ausreicht, um die Blockade (negativer Rückkopplungsmechanismus) aufrecht zu erhalten? Dann bekommen die Pillenhormone ein Problem. Denn das FSH (Frühlingsboten) im Gehirn ist äußerst einsatzfreudig. Sie stehen vermutlich ständig in ihren Startlöchern. So kann es vorkommen, wenn die Bewachung auch nur für kurze Zeit nicht ausreichend ist (z. B. am Zyklusanfang einmal die Pille vergessen wurde), dass sich das FSH nicht mehr bändigen lässt: Die Schranken werden niedergerissen, die Frühlingsboten stürmen in Richtung Eierstock und machen ihren Job:
Sie wecken die Eizellen auf, und es entstehen körpereigene Östrogene, mal mehr, mal weniger, von Frau zu Frau unterschiedlich.

Körpereigene Östrogene setzen sich durch

So kann es gelegentlich geschehen, dass die körpereigenen Östrogene in ihrem Tatendrang am Wellnesscenter des Gebärmutterhalses ankommen, den Muttermund öffnen und Zaubertrank auf den Speiseplan setzen – zur Freude der möglicherweise eintreffenden Spermienzellen! In einem solchen Fall können Frauen unter Umständen auch dehnbaren, glasigen Zervixschleim beobachten.

Eisprung unter der Pille

Ob es im Eierstock nun auch zur Auswahl eines Eibläschens kommt, richtet sich ebenfalls danach, wie viel FSH da ist und wie lange es unbehelligt arbeiten konnte. Selbst wenn eine „Königin" ausgewählt wird und diese Eizelle bis zur Sprungreife heranwächst, reicht die Östrogenmenge meist nicht dazu aus, dem Gehirn den Einsatzbefehl für die Eisprungshelfer (LH) zu entlocken. Das heißt, in den allermeisten Fällen bleibt der Eisprung aus, und das körpereigene Zyklusgeschehen wird an dieser Stelle abgebrochen. Es gibt jedoch hin und wieder Fälle, in denen genügend Östrogene vorhanden sind, die es schaffen, die Hypophyse zur Ausschüttung des

Eisprungshormons LH zu bewegen. Dann hat die Frau während der Pilleneinnahme einen Eisprung.

> **+++ FAKT +++**
> Eine 100%ig sichere Verhütungsmethode gibt es nicht. Deshalb darf die Möglichkeit, dass durch Geschlechtsverkehr neues Leben entsteht, nie ganz aus dem Bewusstsein verschwinden.

Schwanger trotz Pille

Es ist nicht gänzlich auszuschließen, dass auch Spermienzellen den ebenfalls vorhandenen Zervixschleim passieren durften und sich nun auf der Bühne des Lebens aufhalten. So kann es zu einer Befruchtung kommen und die Gleichung des Lebens Wirklichkeit werden. Wenn Frauen glaubhaft versichern, sie hätten die Pille vorschriftsmäßig eingenommen (ohne Störungen wie Durchfall, Erbrechen oder Antibiotikaeinnahme) und seien trotzdem schwanger geworden, so kann man daraus schließen, dass sich der eigene Zyklus in diesen Fällen trotz der Pillenhormone vollständig durchgesetzt hat, die Gebärmutterschleimhaut durch das vorhandene Progesteron aus dem Gelbkörper ausreichend mit Nährstoffen ausgestattet wurde, so dass sich der Embryo einnisten konnte. Ob es auch Fälle gibt, in denen dieser Aufbau durch das Pillengestagen von Anfang an so gestört wurde, dass eine Einnistung nicht möglich ist, scheint eher unwahrscheinlich, ist jedoch nicht vollständig auszuschließen.

Wirkungen auf alle Funktionen und Organe im Körper der Frau

Die weiblichen Geschlechtshormone Östrogen und Progesteron entfalten während des Zyklusgeschehens ihre Wirkung nicht nur an den bisher erwähnten Orten und Organen auf der Bühne des Lebens, d.h. an den weiblichen Geschlechtsorganen. So ist besonders das Östrogen für die weibliche Identität verantwortlich, eine Tatsache, über die meist nicht viel nachgedacht wird. Erst wenn die Östrogene in den Wechseljahren abnehmen und ihre Wirkung nachlässt, wird den Frauen der jahrelange Segen vor Augen geführt.

Viele Frauen wissen nicht, dass die Geschlechtshormone neben den sichtbaren und allseits bekannten Wirkungen so gut wie alle Funktionen und Organe in ihrem Körper beeinflussen, von den Knochen bis zu den Blutgefäßen, von den Haaren und der Haut bis zum Fett- und Zuckerstoffwechsel, vom Blutdruck bis hin zum Gerinnungssystem. Die körpereigenen Östrogene und das Progesteron entfalten dabei in erster Linie eine schützende Wirkung. So bewahren sie beispielsweise die Frau vor zu schnellem Knochenabbau, sie erhalten die Feuchtigkeit in der Haut und in den Schleimhäuten und sorgen dafür, dass sie bis zu den Wechseljahren deutlich besser vor Schlaganfall und Herzinfarkt geschützt ist als der Mann.

Besser körpereigenes Östrogen

Was verändert sich nun, wenn Frauen die Pille nehmen? Zunächst werden die körpereigenen Hormone durch künstliche ersetzt. Viele Wirkungen bleiben gleich oder ähnlich, aber es werden auch einige der schützenden Effekte vermindert oder aufgehoben. So sind Frauen, die die Pille nehmen, etwas weniger vor Thrombosen, Herzinfarkt und Schlaganfall geschützt als andere. Außerdem gilt es zu bedenken, dass Brustkrebs in den letzten 40 Jahren zur häufigsten bösartigen Erkrankung bei Frauen geworden ist. Untersuchungen, die diesbezüglich einen Zusammenhang zu langjähriger und insbesondere in jungen Jahren beginnender Pilleneinnahme sehen, werden immer zahlreicher und lassen sich nicht mehr von der Hand weisen.

Die Pille ist kein Bonbon

Die Wirkmechanismen der Pille im Körper der Frau sind sehr kompliziert und in vielerlei Hinsicht noch nicht vollständig geklärt. Immer wieder werden Studien veröffentlicht, die von positiven oder negativen Nebenwirkungen berichten. Jenseits aller Unklarheiten ist eines unbestritten: Die Pille schluckt "frau" nicht wie ein Bonbon! Wer die Pille nimmt, um eine Schwangerschaft zu vermeiden, nimmt täglich ein hochwirksames pharmazeutisches Präparat zu sich, das nicht nur die Abschaltung des weiblichen Zyklus und zahlreiche weitere Körperabläufe beeinflusst, sondern in seiner Wirkung intensiver und vielfältiger ist, als in der Öffentlichkeit bekannt.

Die Erfahrung zeigt, dass viele Frauen die Pille sehr gut vertragen, andere wiederum überhaupt nicht. Manche Frauen spüren negative Auswirkungen, bringen sie aber nicht mit der Pille in Zusammenhang. Erst wenn sie sie absetzen, merken sie, „wie anders dann alles ist".

> **+++ FAKT +++**
>
> *Angesichts des dargestellten, komplexen Wirkmechanismus der Pille erscheint der aktuelle Trend zur Vermarktung als Lifestyle-Produkt durchaus problematisch. Es wird mit (angeblichem) Zusatznutzen wie schönerer Haut, schöneren Haare, größeren Brüsten und sogar mit Gewichtsreduktion geworben. Gerade junge Mädchen rücken dabei immer stärker in den Mittelpunkt von fragwürdigen Marketingstrategien. Verpackungen mit Schminkspiegel oder Blümchenaufdruck lassen das Verhütungsmittel gar nicht mehr als Medikament erscheinen. Die eigentliche und ursprüngliche Funktion zur Empfängnisverhütung tritt in den Hintergrund, Risiken werden bewusst verschleiert.*

Nebenwirkungen werden zur Hauptwirkung

Bei schmerzhafter Regelblutung

Durch die Pille wird die Gebärmutterschleimhaut bekanntlich weniger intensiv aufgebaut als während eines echten Zyklus. Wenn nicht viel aufgebaut wird, kann auch nicht viel abbluten. Dadurch sind die Tage häufig kürzer, leichter und weniger schmerzhaft.

Wirkung verschiedener Verhütungsmethoden

Junge Mädchen und Frauen, die unter starken Blutungen oder Menstruationsbeschwerden leiden, empfinden das meist als große Erleichterung. Was dabei aber häufig zu wenig bedacht wird, ist die Tatsache, dass die Schmerzbeseitigung nur eine positive *Neben*wirkung der Pille ist. Die Hauptwirkung, nämlich die Ausschaltung des eigenen Zyklus, ist ein massiver Eingriff in den Körper und wird in seiner umfassenden Bedeutung oft nicht wahrgenommen. Gerade bei jungen Mädchen, bei denen das Zyklusgeschehen noch im Reifungsprozess steht, sollte es gut überlegt werden, ob die Pille die richtige und erste Wahl bei Menstruationsbeschwerden ist.

Zur „Zyklusregulation"

Manche Mädchen und junge Frauen empfinden es als unangenehm, wenn sie von ihrer Blutung überrascht werden und sich nicht darauf einstellen können. Sie fühlen sich ausgeliefert und unsicher, meinen, nur ein regelmäßiger Zyklus sei auch ein gesunder Zyklus. Beim Frauenarzt wird ihnen deshalb mitunter zur „Zyklusregulation" die Pille verordnet. Aber Vorsicht, was nämlich dann regelmäßig und stabil abläuft, hat nichts mehr mit dem eigenen Zyklus zu tun! Der wird dadurch um nichts gleichförmiger, sondern lediglich durch den 28-Tage-Rhythmus der Pille ersetzt. Spätestens dann, wenn die Pille nicht mehr eingenommen wird, erleben viele ihren eigenen Zyklus wieder genauso „regelmäßig" oder „unregelmäßig" wie zuvor. Es braucht dann noch mehr Geduld, bis sich alles wieder „eingespielt" hat.

Langzeit-Pille zur Verschiebung der Blutung

Wenn Frauen Schwierigkeiten mit ihrer Periode haben, sei es, dass sie schmerzhaft ist oder nicht „regelmäßig" genug kommt, wenn sie unter zyklusbedingtem Unwohlsein, unter Kopfschmerzen oder Stimmungsschwankungen leiden oder wenn sie Leistungssport betreiben und bei Training und Wettkampf nicht von der Blutung behindert werden möchten, wird die Langzeit-Pille als schnelle und, oberflächlich betrachtet, „elegante" Problemlösung immer häufiger angeboten. Da der 28-Tage-Rhythmus der Pille nur künstlich erzeugt wurde, kann man ihn genauso

> **Das Ende der Pille – die Rückkehr der Fruchtbarkeit**
>
> Wird die Pille abgesetzt, kehrt bei der Hälfte der Frauen ihr natürlicher Zyklus innerhalb von ein bis drei Zyklen wieder zurück. Die andere Hälfte muss bis zu etwa einem Jahr danach mit mehr oder weniger starken Beeinträchtigungen ihrer Fruchtbarkeit rechnen. Die Zyklusshow wird erneut einstudiert, und da heißt es mit dem eigenen Körper viel Geduld haben.
> - Manchmal dauert es Wochen, bis es wieder zu einem Eisprung kommt (verlängerte Eireifungsphasen),
> - manchmal schafft es die Eizelle trotzdem nicht (monophasische Zyklen),
> - und noch lange nach Absetzen der Pille geht dem Gelbkörper bereits vorzeitig der Atem aus, sodass die Gebärmutterschleimhaut nicht ausreichend ausgestattet werden kann.

künstlich verlängern, indem die Pille nicht 21 Tage, sondern beispielsweise 90 Tage weitergenommen wird. Grundsätzlich lässt sich jede beliebige Zykluslänge, jedes „Blutungsintervall", künstlich festlegen. Die Hormonentzugsblutung wird immer dann eintreten, wenn die künstlichen Hormone nicht mehr eingenommen werden.

Wenigen Frauen ist dabei bewusst, dass es sich nicht um eine bloße Verschiebung ihrer Tage handelt. Egal, ob normaler Pillenrhythmus oder Langzeitzyklus, immer werden die körpereigenen Hormone in ihrem natürlichen Rhythmus unterdrückt und nicht nur die Blutung, sondern der gesamte Zyklus ausgeschaltet.

Akne und unreine Haut

In der Pubertät haben manche Mädchen ihre liebe Not mit unreiner Haut und Pickeln. In dieser Zeit treten nämlich nicht nur die weiblichen Hormone, die Östrogene und das Progesteronteam auf den Spielplan, sondern es werden auch männliche Geschlechtshormone, die Androgene (mit ihrem Anführer Testosteron), verstärkt gebildet. Sie sind es, die sich unter anderem an die Talgdrüsen der Haut setzen und sie zu vermehrter Produktion anregen. Jung, aktiv, stürmisch und ungeübt, wie es ihre Art ist, schießen sie anfangs nicht selten übers Ziel hinaus. Es kommt zur Überproduktion!

Nun ist bei bestimmten Pillenpräparaten der darin enthaltene Progesteronersatzstoff so geformt, dass er von den Talgdrüsen für das männliche Geschlechtshormon gehalten wird und sich auf den Kommandoposten setzen darf. Dort bleibt er aber stumm, die Aktivierung der Talgdrüsen bleibt aus, und die Akne bessert sich. Dieser Nebeneffekt mancher Pillenpräparate wird nun zur Therapie des „Pickelproblems" genutzt. Hier gilt das Gleiche: Auch wenn dadurch eine Besserung des Hautproblems erzielt werden kann, dann um den Preis der Ausschaltung des weiblichen Zyklus.

Die Pille in anderer Form: Vaginalring und Hormonpflaster

Die herkömmliche Pille wird als Tablette geschluckt, gelangt in den Darm und dann in die Leber, wo ein Teil der Hormonersatzstoffe bereits abgebaut wird, ohne überhaupt eine Wirkung zu entfalten. Um die Hormonkonzentration im Blut so gering wie möglich zu halten und damit die Frau nicht an die tägliche Tabletteneinnahme denken muss, wurden in den letzten Jahren andere „Darreichungsformen" auf den Markt gebracht. So kann die Pille auch als Vaginalring in die Scheide eingeführt oder als Hormonpflaster auf die Haut geklebt werden.

Die jeweiligen Östrogen- und Progesteronersatzstoffe werden beim Vaginalring über die Schleimhaut, beim Hormonpflaster über die Haut direkt ans Blut abgegeben. Ansonsten unterscheiden sie sich in Wirkung und Nebenwirkung nicht wesentlich von der Pille.

Verhütungsmethoden ohne Östrogenersatzstoffe – reine Gestagene

In den letzten Jahren hat man sich immer wieder Gedanken darüber gemacht, wie man die hormonellen Verhütungsmethoden so zusammensetzen könnte, dass sie weniger Nebenwirkungen hervorrufen. In diesem Zusammenhang sind vor allem die Östrogene in Verruf geraten. Wer in der öffentlichen Diskussion nicht richtig hinhört, könnte meinen, sie seien eine Gefahr für die Gesundheit und den Körper der Frau. Richtig ist, dass schwerwiegende Nebenwirkungen wie beispielsweise Thrombosen, Schlaganfall oder Herzinfarkt niemals durch die körpereigenen Östrogene entstehen, sondern immer durch die künstlichen Östrogenersatzstoffe ausgelöst werden. Das ist der Grund, warum in den letzten Jahren zunehmend „östrogenfreie Pillen" auf den Markt gebracht wurden.

Vorwiegend örtliche Wirkung – die frühere Minipille

Die Minipille ist ein solches Präparat, das nur einen Progesteronersatzstoff ohne Östrogen enthält. Vom ersten Zyklustag an ohne Pause eingenommen, wird dem Körper täglich eine relativ geringe Menge davon zugeführt, sodass sich die Wirkung nur örtlich auf den Muttermund und die Gebärmutterschleimhaut beschränken soll. Der natürliche Ablauf des Zyklusgeschehens soll normalerweise nicht beeinträchtigt werden.

Abstimmungsprobleme an der Gebärmutterschleimhaut

Man kann sich vorstellen, was passiert, wenn beispielsweise in der ersten Zyklusphase die körpereigenen Östrogene gerade mit dem Rohbau beschäftigt sind, nun der Progesteronersatzstoff aus der Minipille dort ankommt und bereits jetzt Möbel für die Inneneinrichtung heranschaffen will. Da gibt es Abstimmungsprobleme und Rangeleien. Das ist der Grund, warum es bei der Minipille häufig zu Blutungsstörungen (Zwischenblutungen, längere Schmierblutungen) kommt. Sie haben nichts mit einer richtigen Menstruationsblutung zu tun, sondern sind lediglich Ausdruck eines gestörten Auf-, Um- und Abbaus der Gebärmutterschleimhaut.

> +++ **FAKT** +++
>
> *Statt dieser herkömmlichen, nur örtlich wirksamen Minipille wird heute meist die höher dosierte, zentral wirksame Minipille verschrieben, die das Zyklusgeschehen außer Kraft setzt und damit eine größere Verhütungssicherheit hat (s. Tabelle S. 122).*

Exakte Einnahmezeit

Im Gegenzug zur relativ geringen Belastung des Körpers mit künstlichen Hormonen muss sehr exakt darauf geachtet werden, die Minipille immer zur gleichen Zeit zu schlucken.

Wenn die Einnahmezeit nur um drei Stunden überschritten wird, ist die „Abdichtung" des Muttermunds nicht mehr gewährleistet. Aber auch bei gewissenhafter Einnahme kann es wegen der geringen Hormonkonzentration gelegentlich vorkommen, dass trotzdem genügend Zervixschleim gebildet wird, um die Spermienzellen in die Eileiter gelangen zu lassen. Möglicherweise kommt es dann zu einer Befruchtung, die Gleichung des Lebens wird Wirklichkeit. Und doch darf der Embryo meist nicht weiterleben, weil noch weitere Blockaden bestehen: Der Transport der befruchteten Eizelle wird möglicherweise gestört, und die Schleimhaut wurde, wie eben beschrieben, durch den Progesteronersatzstoff unwirtlich und unbewohnbar gemacht.

Vorwiegend örtliche Wirkung
Das Verhütungsschirmchen

Nach diesem Prinzip der Hormonfreisetzung „vor Ort" soll auch das relativ neue „Verhütungsschirmchen" arbeiten.

Dabei wird vom Arzt ein Kunststoffträger, der mit einem Vorratsbehälter ummantelt ist, durch den Muttermund in die kleine Gebärmutterhöhle vorgeschoben. Von dort wird nun ununterbrochen über drei Jahre hinweg eine gewisse Menge Progesteronersatzstoff an die Umgebung abgegeben, wieder mit der gleichen örtlichen Wirkung wie bei der früheren Minipille. Der Muttermund wird verschlossen und der Auf- und Ausbau der Gebärmutterschleimhaut massiv gestört.

Die herkömmliche Hormonspirale, die 5 Jahre im Körper verbleibt, gibt eine deutlich höhere Hormonmenge ab und wirkt, entgegen den ursprünglichen Angaben, häufig nicht nur örtlich, sondern auch zentral.

Häufig keine Tage mehr

Da das Gestagen jahrelang ohne Unterbrechung auf die Gebärmutterschleimhaut einwirkt, hat das zur Folge, dass nach anfänglich häufig auftretenden unregelmäßigen Zwischenblutungen die Periode mit der Zeit immer kürzer und weniger wird. Bei relativ vielen Frauen entwickelt sich überhaupt keine Gebärmutterschleimhaut mehr, die Tage bleiben vollständig aus. Man spricht dann von einer „uterinen Amenorrhö".

Östrogenfreie Verhütungsmethoden (reine Gestagene) mit	
vorwiegend ÖRTLICHER Wirkung auf Zervixschleim und Gebärmutterschleimhaut	ZENTRALER Wirkung auf das Gehirn – Hypothalamus und Hypophyse ("Stillhalteabkommen")
Störung/Verhinderung von • Zervixschleimbildung • Aufbau der Gebärmutterschleimhaut	Störung/Verhinderung von ZYKLUSABLAUF mit • Eireifung, • Eisprung, • Gelbkörperbildung, • körpereigener Hormonbildung
• Frühere Minipille • Hormonspirale, insbesondere das „Verhütungsschirmchen"	• Neuere Minipillen • Dreimonatsspritze • Bei vielen Frauen die Hormonspirale • Hormonstäbchen

„Östrogenfreie" Verhütungsmethoden mit zentraler Wirkung

Wie für die Pille gilt für jede hormonelle Verhütungsmethode dasselbe Wirkprinzip: Sobald eine gewisse, ausreichend hohe Menge Progesteronersatzstoff im Blut vorhanden ist, gelangt dieser ans Gehirn und setzt dort umgehend das „Stillhalteabkommen" in Kraft. Damit wird jede weitere Eibläschenreifung gestoppt und auch die Bildung von körpereigenen Östrogenen mehr oder weniger stark gedrosselt. Die östrogenfreien Verhütungsmethoden mit zentraler Wirkung, das sind die neue Minipille, die Dreimonatsspritze und das Hormonstäbchen und häufig auch die herkömmliche Hormonspirale, wirken im Grunde wie die Pille – mit einem großen Unterschied: Die Östrogene, die bei der Pille wenigstens teilweise durch Gabe von künstlichen Östrogenen ersetzt wurden, fehlen hier – mit oftmals spürbaren Folgen.

Wirkung meist zentral – die herkömmliche Hormonspirale

Seit der Markteinführung der Hormonspirale hat man festgestellt, dass sie bei einem nicht unbedeutenden Anteil von Frauen nicht nur lokal, sondern auch zentral wirkt. Wenn ausreichend Gestagen im Blut vorhanden ist, wird über das Gehirn der eigene Zyklus wie bei der Pille auf verschiedenen Ebenen gestört oder gänzlich blockiert.

Die neuen Minipillen mit zentraler Wirkung

Spricht man heute von der Minipille, so sind damit meistens Präparate gemeint, in denen der Progesteronersatzstoff deutlich höher dosiert ist als in der herkömmlichen Minipille. Sie werden ohne Pause eingenommen und sollen auch noch sicher wirken, wenn die Einnahmezeit stärker schwankt als bei der herkömmlichen Minipille. Sie werden als erste „östrogenfreie" Pille angepriesen. Das soll bedeuten, dass es ein Segen sei, endlich von Östrogenen befreit zu sein! Korrekterweise müsste es heißen: „Enthält keine künstlichen Östrogenersatzstoffe."

Drei-Monats-Spritze oder Depot-Spritzen

Nach dem gleichen Prinzip wirken die sogenannten „Depot-Injektionen". Dabei wird vom Arzt alle drei Monate ein Depot an Progesteronersatzstoff in den Gesäßmuskel gespritzt. Aus diesem Vorrat werden die Hormone dann relativ ungleichmäßig, anfangs sehr viele, später immer weniger, an die Blutbahn abgegeben. Diese schlechte Steuerbarkeit führt nicht selten zu einer anfänglichen Überdosierung mit entspre-

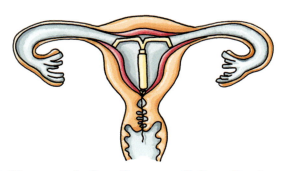

Die Hormonspirale sollte nur örtlich an Zervixdrüsen und Gebärmutterschleimhaut wirken.

chend schwereren Nebenwirkungen (häufige Zwischenblutungen und Dauerblutungen einerseits, vollständiges Ausbleiben der Regelblutung andererseits, Abnahme der Knochenmasse mit Gefahr von Osteoporose). Deshalb ist diese Verhütungsmethode nur für jene Frauen zugelassen, bei denen keine andere Verhütungsmethode infrage kommt.

Hormonstäbchen unter der Haut

Nach dem gleichen Prinzip funktioniert auch das Hormonstäbchen. Es wird unter die Haut gepflanzt und gibt drei Jahre lang ununterbrochen gleichbleibende Mengen eines Gestagens, d. h. eines Progesteronersatzstoffs, in die Blutbahn ab. Damit treten die bereits bei der Pille beschriebenen Blockaden des eigenen Zyklusgeschehens auf unterschiedlichen Ebenen in Kraft. Mit der Aktivierung des Stillhalteabkommens, dem negativen Rückkopplungsmechanismus des hormonellen Regelkreises, wird jede weitere Eibläschenreifung gestoppt und die Bildung von körpereigenen Östrogenen mehr oder weniger stark gedrosselt.

Gebärmutterschleimhaut – ohne Rohbau auch kein Innenausbau

Sobald das Stäbchen am Oberarm eingepflanzt ist, gelangt in den nächsten drei Jahren nur noch der Progesteronersatzstoff an die Gebärmutterschleimhaut, der jetzt wie das natürliche Progesteron für den Innenausbau sorgen sollte.

Aber da keine Östrogene vorhanden sind, kann auch kein Rohbau entstehen, und wo kein Rohbau, da ist auch kein Innenausbau möglich. Infolgedessen wird bei liegendem Hormonstäbchen so gut wie keine Gebärmutterschleimhaut aufgebaut und auch nicht abgeblutet.

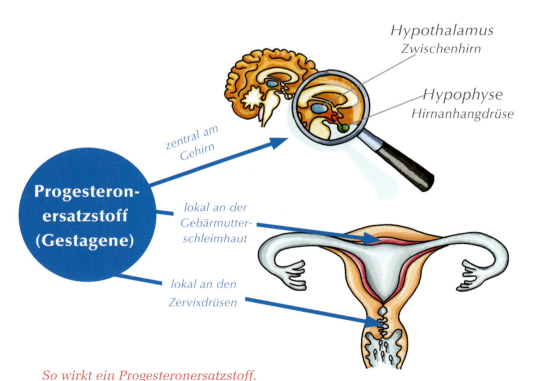

So wirkt ein Progesteronersatzstoff.

Wirkung verschiedener Verhütungsmethoden

Es treten alle denkbaren Blutungsstörungen auf: Während ein Großteil der Frauen gar keine Blutung mehr hat („uterine Amenorrhö"), klagen nicht wenige über lang andauernde Zwischenblutungen und Schmierblutungen, die wahrscheinlich durch das beständige Vorhandensein des Gestagens an der Gebärmutter verursacht werden.

Achtung! Wo bleiben unsere Östrogene?

Beim Hormonstäbchen handelt es sich um eine hochsichere Verhütungsmethode. Sie hat allerdings ihren Preis. Die problematischste Nebenwirkung der zentral wirkenden östrogenfreien Verhütungsmethoden (Minipille, Hormonstäbchen, 3-Monatsspritze und bisweilen auch Hormonspirale) bleibt meist ziemlich unbeachtet. Wenn Frauen, die mit Hormonstäbchen oder Minipille verhüten, beispielsweise über Beschwerden wie in den Wechseljahren, über Hitzewallungen, Schweißausbrüche, Depressionen, trockene Schleimhäute und Mangel an sexueller Lust klagen, dann liegt die Ursache auf der Hand: Es fehlt das wichtigste Frauenhormon, die Östrogene. Bei der Verträglichkeit der Hormonstäbchen gibt es selbstverständlich Unterschiede. Abhängig von Körpergewicht, Stoffwechsel und vielen anderen körperlichen und seelischen Faktoren, reicht die Palette von „wunderbar verträglich" bis zu den oben beschriebenen massiven Mangelzuständen.

Junge Mädchen brauchen starke Knochen!

Die Östrogene haben einen maßgeblichen Einfluss auf die Knochendichte. Deshalb erscheint es besonders problematisch, jungen Mädchen, bei denen das Knochenwachstum noch nicht ausgereift und abgeschlossen ist, diese östrogenfreie Verhütung anzubieten, zumal die negativen Auswirkungen auf die Knochendichte durch größere, länger andauernde und unabhängige Studien noch nicht ausgeschlossen werden können.

+++ **FAKT** +++
Der natürliche Zyklus mit den körpereigenen Östrogenen ist die beste Vorbeugung gegen eine spätere Osteoporose.

Die Kupferspirale

Diese Verhütungsmethode heißt so, weil die ersten Spiralen tatsächlich einer Spirale ähnlich waren. Man nennt sie Intra-Uterin-Pessar, kurz IUP, ein „in der Gebärmutter liegendes Teil". Dabei handelt es sich um ein kleines Kunststoffteil, das mit einem Kupferdraht umwickelt ist, deswegen „Kupferspirale". Gegen Ende der Menstruationsblutung wird die Spirale vom Frauenarzt unter lokaler Betäubung in die Gebärmutterhöhle vorgeschoben. Dort bleibt sie je nach Modell drei bis fünf Jahre liegen und gibt regelmäßig Kupferionen an die Umgebung ab.

Fremdkörper in der Gebärmutter – Wie wirkt die Kupferspirale?

Gerade läuft die Zyklusshow. In der ersten Zyklusphase vor dem Eisprung sind die Östrogene in der Gebärmutter dabei, den Rohbau zu errichten. Nach dem Eisprung kommt das Progesteron für die Inneneinrichtung vorbei. Liegt in der Gebärmutterhöhle nun eine Kupferspirale, prasseln die ständig freigesetzten kleinen Kupferteilchen wie Pfeile auf die Gebärmutter nieder. Die Aufbau- und Ausstattungsarbeiten werden dadurch erheblich gestört.

Das Resultat sieht dementsprechend aus: Die Mauern stehen windschief, es bröckelt der Putz, das Hotel gleicht mehr einer Ruine als einem Neubau.

Anfangs wehrt sich die Gebärmutter oft heftig gegen die Spirale und will sie schnellstmöglich wieder loswerden. Das gelingt ihr manchmal auch. Gerade während der Blutung, wenn ohnehin die Abräumarbeiten laufen, bäumt sie sich auf, ihre Muskeln ziehen sich zusammen, die Blutungen sind länger, heftiger, die Bauchkrämpfe oftmals auch.

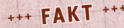

+++ **FAKT** +++

Frauen mit Kupferspirale klagen häufiger über schmerzhaftere, längere und schwerere Periodenblutungen. Fünf von 100 Spiralen stößt der Körper der Frau meist unbemerkt wieder aus.

Die Nachricht von einem Fremdkörper in der Gebärmutter ruft auch die Körperpolizei auf den Plan. Heerscharen weißer Blutkörperchen werden zusammengezogen und versuchen, die Spirale zu umzingeln und unschädlich zu machen, allerdings ohne Aussicht auf Erfolg.

Spermien in der Schusslinie

Auch die Spermien geraten dabei voll in die Schusslinie. Wenn sie in den Tagen vor und um den Eisprung den rettenden Zervixschleim im Gebärmutterhals verlassen und sich weiter nach oben vorwagen, erwartet sie dort nichts Gutes. Viele werden entweder von den Kupferteilchen getroffen oder im Eifer des

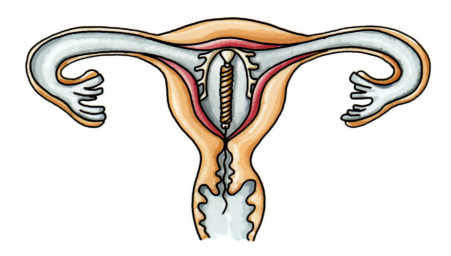

So sitzt die Kupferspirale in der Gebärmutter.

Gefechts von der Körperpolizei verletzt. Oft erreicht keine einzige Spermienzelle den Ort ihrer Sehnsucht, weil alle bereits auf dem Weg dorthin aufgeben mussten.

Wenn es doch zu einer Befruchtung kommt?

Wenn sich aber doch mal genügend Spermienzellen bis zu den Eileitern durchschlagen, kann es passieren, dass es zu einer Befruchtung kommt. Dann entsteht bei dieser Verhütungsmethode eine sehr problematische Situation, denn der Embryo wird durch den weiteren Wirkmechanismus der Spirale an seinem Weg ins Leben gehindert. Die Eileiter, sonst stets darauf bedacht, den kleinen Gast behutsam durch den engen Tunnel vorwärts zu wiegen, sind auch in die Abwehrmaßnahmen gegen die Kupferpfeile miteinbezogen und bewegen sich dadurch entweder viel zu ungestüm oder viel zu langsam. So wird der junge Embryo manchmal regelrecht durch die Eileiter vorwärtsgestoßen und kommt viel zu früh in der Gebärmutter an.

Keine Überlebenschance für den kleinen Gast

Hat er allen Widrigkeiten zum Trotz doch die Gebärmutter erreicht, wird seine Hoffnung, wenigstens dort ein ruhiges Plätzchen für die nächsten neun Monate zu finden, enttäuscht: Die Gebärmutterschleimhaut wurde durch die Kupferteilchen und die Abwehrmaßnahmen des Körpers gegen die Spirale unbewohnbar gemacht. Das neue Leben – kaum begonnen – muss sterben. Dies wird auch Einnistungshemmung oder Nidationshemmung genannt.

Eileiterschwangerschaft

Hin und wieder kann es bei der Kupferspirale jedoch auch vorkommen, dass die Reise durch den Eileiter viel zu lange dauert und der Embryo bereits so groß geworden ist, dass er im Eileiter stecken bleibt und nicht mehr weiterkommt. Dann beschließt er, das Beste daraus zu machen und sich an Ort und Stelle einzunisten. Es kommt zu einer Eileiterschwangerschaft. Doch leider sind die Eileiterwände als Luxussuite völlig ungeeignet und viel zu dünn, um der wachsenden Belastung lange standzuhalten.

> +++ **FAKT** +++
>
> *Inzwischen gibt es verschiedene Abwandlungen der Kupferspirale: die eine hat einen zusätzlichen Goldanteil und soll noch länger als 5 Jahre Verhütungssicherheit bieten, bei einer anderen wird statt einer Spirale eine Kupferkette in die Gebärmutter eingehakt. Das Wirkprinzip ist immer gleich.*

Über kurz oder lang entstehen Risse, es treten Blutungen auf, und wenn das Problem bis dahin noch nicht erkannt wurde, kann eine lebensbedrohliche Situation für die Mutter entstehen, wenn nämlich der Eileiter platzt.

Die „Pille danach"

Die „Pille danach" heißt auch Nachverhütung oder Postcoitalverhütung. Sie wird verwendet, wenn es zu einer „Verhütungspanne" gekommen ist oder ungeschützter Geschlechtsverkehr stattfand, obwohl eine Schwangerschaft vermieden werden sollte.

Es stehen zwei Präparate mit unterschiedlichem Wirkstoff zur Verfügung, die sich auch in ihrem Wirkmechanismus teilweise deutlich unterscheiden. Hier lohnt es sich, näher hinzuschauen.

Das eine Präparat („Pidana") enthält 1,5mg des künstlichen Progesteronersatzstoffs Levonorgestrel, was etwa der fünf- bis zehnfachen Menge einer normalen Pille entspricht. Die Tablette kann bis zu 72 Stunden, d.h. drei Tagen nach der Verhütungspanne eingenommen werden.

Das doppelt so teure, neuere Präparat („EllaOne") enthält 30mg eines sog. selektiven Progesteron-Rezeptor-Modulator, das Ulipristalacetat. Der Gebrauchsanweisung entsprechend kann es bis zu 5 Tagen nach dem ungeschützten Verkehr eingenommen werden.

Wie wirken „Progesteronersatzstoff und Progesteron-Rezeptor-Modulator"

Beide Präparate docken an den Progesteronrezeptoren im weiblichen Körper an. Während aber der Progesteronersatzstoff Levonorgestrel als reiner „Agonist" wirkt, d.h. die Wirkung des körpereigenen Progesterons mehr oder weniger gut nachzuahmen versucht, bewirkt Ulipristalacetat zeitweise das Gegenteil: In der Phase vor dem Eisprung wirkt er WIE das Progesteron (als „Agonist"). Hat jedoch der Eisprung und kurz danach eine Befruchtung bereits stattgefunden, wirkt es als „Antagonist". Er besetzt die Progesteronrezeptoren, ohne jedoch die progesterontypische Wirkung zu entfalten, mit weitreichenden Konsequenzen für eine möglicherweise bereits befruchtete Eizelle. Da viele Frauen meist weder ihren Zyklustag genau angeben können noch überhaupt wissen, wo genau sie sich innerhalb des Zyklusverlaufs befinden, gibt es unterschiedliche Situationen und Wirkmechanismen für die Pille danach:

Situation 1
Der Eisprung hat noch nicht stattgefunden

Wie im Kapitel 8 dargestellt wurde, findet statistisch gesehen in jedem zweiten Zyklus der Eisprung erst nach dem 14. Zyklustag statt, in jedem fünften Zyklus sogar erst nach dem 20. Tag, bei jüngeren Mädchen und Frauen tendenziell noch später. Deshalb ist davon auszugehen, dass bei einem Großteil der Zyklen, in denen die Pille danach eingenommen wird, der Eisprung noch gar nicht stattgefunden hat.
Beide Präparate entfalten in der Zeit vor dem Eisprung die gleiche Wirkung: Sie setzen sich als „Agonisten" auf die Progesteronrezeptoren und versuchen die Progesteronwirkung nachzuahmen. Was heißt das? Wenn der progesteronähnliche Wirkstoff ans Gehirn

Wirkung verschiedener Verhütungsmethoden

Bei allen hormonellen Verhütungsmethoden ist eine regelmäßige ärztliche Kontroll-untersuchung erforderlich.

gelangt, geht man dort irrtümlich davon aus, der Eisprung sei bereits vorbei und die zweite Zyklusphase habe begonnen. Umgehend wird die Blockade (Stillhalteabkommen, neg. Rückkopplungsmechanismus) in Kraft gesetzt. Damit wird das weitere Heranreifen des Eibläschens sofort unterbrochen und der nahende Eisprung verhindert. Gleichzeitig wird die Zervixschleimproduktion gestoppt, der Muttermund dicht gemacht. Für die Spermien, die sich vielleicht noch in den Zervixdrüsen aufhalten, wird es ungemütlich. Eine Befruchtung findet gar nicht mehr statt.

Situation 2
Der Eisprung findet gerade statt – Eisprungshelfer (LH) bereits unterwegs

Findet der ungeschützte Geschlechtsverkehr zufällig direkt um die Eisprungszeit statt und wird die Pille danach bereits wenige Stunden später eingenommen, so lassen neuere Unter-suchungen vermuten, dass das Levonorgestrel den Eisprung und damit eine Befruchtung eher nicht mehr verhindern kann, während das Ulipristalacetat den Eisprung auch noch in letzter Minute zu blockieren vermag.

Situation 3
Befruchtung bereits erfolgt – Embryo unterwegs in die Gebärmutter

Wenn allerdings der Sexualkontakt im Eisprungszeitraum stattfand, die „Pille danach" jedoch erst deutlich später eingenommen wurde, dann ist eine Befruchtung mit einer statistischen Wahrscheinlichkeit von 30% bereits eingetreten. Was jetzt möglicherweise mit dem Embryo geschieht, ist je nachdem, welches der beiden Präparate eingenommen wurde, sehr unterschiedlich:

Einnahme von Levonorgestrel (PiDaNa)

Wird Levonorgestrel, das bis zu 72 Stunden nach dem ungeschützten Verkehr angewendet werden kann, also beispielsweise erst am 2. oder 3. Tag nach einer möglichen Befruchtung eingenommen, so ist die Überlebenschance für den Embryo ziemlich hoch. Er befindet sich ja bereits auf dem Weg zur Gebärmutter, wo das körpereigene Progesteron aus dem Gelbkörper die Luxussuiten liebevoll für seine Ankunft vorbereitet. Wenn in dieser Phase der ähnlich wirkende Progesteronersatzstoff in den Körper gelangt, bedeutet dies für den Embryo wahrscheinlich keine größere Beeinträchtigung mehr. Möglicherweise freut er sich sogar über die zusätzliche Dosis künstliches Schwangerschaftshormon und nistet sich problemlos in der Gebärmutter ein. Die hohe Anzahl der Schwangerschaften, die aufgetreten sind, wenn Levonorgestrel während oder vor allem deutlich nach einer möglichen Befruchtung eingenommen wurde, lässt auf diesen Wirkmechanismus schließen.

Einnahme von Ulipristalacetat (EllaOne)

Ganz anders ist die Situation jedoch bei Einnahme von Ulipristalacetat, das noch fünf Tage nach dem ungeschützten Geschlechtsverkehr eingenommen werden darf. Wiederum geht es um folgende Situation: Mit einer statistischen Wahrscheinlichkeit von 30% ist eine Befruchtung erfolgt und der Embryo befindet sich auf dem Weg in die Gebärmutter. Wenn zu dieser Zeit Ulipristalacetat eingenommen wird, kommt die „antagonistische Seite" zum Tragen: Das körpereigene Progesteron, das gerade dabei ist, die Gebärmutterschleimhaut liebevoll für die Ankunft des Gastes vorzubereiten, wird jetzt von den Rezeptoren verdrängt, das „Anti-Hormon" selbst aber entfaltet keinerlei Wirkung. Die Gebärmutterschleimhaut wird nicht weiter aufgebaut, der Embryo kann sich nicht einnisten und stirbt. Hier ist also der problematische Wirkmechanismus einer Nidationshemmung sehr wahrscheinlich.

Wenn dieses Präparat versehentlich bei einer schon bestehenden Schwangerschaft eingenommen wird, kann bei dem bekannten Wirkmechanismus eine Schädigung oder das Absterben des Embryos nicht ausgeschlossen werden, deshalb ist hier vor Einnahme ein Schwangerschaftstest nötig.

> +++ **FAKT** +++
> Für beide Präparate gilt: Je früher sie eingenommen werden, umso mehr ist sichergestellt, dass sie lediglich den Eisprung verhindern und damit das Zusammenkommen von Eizelle und Spermie gar nicht erst ermöglichen!

Situation 4
Eisprung ist vorbei – keine Eizelle mehr vorhanden

diese Situation ist häufiger, als man denkt. Die „Pille danach" wird zu einem Zeitpunkt eingenommen, an dem sie völlig überflüssig ist. Der Sexualkontakt hat nämlich stattgefunden, als die Eizelle ihr kurzes, 12-18-stündiges Leben schon beendet hatte. Ob mit oder ohne „Pille danach" wäre es jetzt zu keiner Schwangerschaft gekommen! Nach außen hin kann man das nicht erkennen, nur so viel lässt sich sagen: die „Pille danach" hat gewirkt!

Als Empfängnisverhütungsmethode nicht geeignet

Was das Zyklusgeschehen angeht, so bedeutet die hohe Hormondosis vor allem vor dem Eisprung eine mehr oder weniger große Beeinträchtigung und Störung des natürlichen Ablaufs, was mitunter zu Zyklusverschiebungen, Blutungsstörungen und verzögerter Follikelreifung führt. Nicht zuletzt deshalb wird einhellig davon abgeraten, die „Pille danach" regelmäßig zu benützen.

11 Das richtige Timing wählen

Wer die Zusammenhänge im Zyklusgeschehen der Frau versteht, weiß, dass eine Schwangerschaft nur während einiger weniger Tage im Zyklus möglich ist.

Nur in der Zeit vor und um den Eisprung herum, wenn Zervixschleim vorhanden ist, der den Spermienzellen Zutritt gewährt zur Bühne des Lebens, und während der kurzen Lebenszeit der Eizelle kann es zu einer Schwangerschaft kommen. Das ist die **„fruchtbare Zeit"**.

Am Zyklusanfang gibt es noch keinen Zervixschleim und keine befruchtungsfähige Eizelle, deshalb spricht man hier von einer **„unfruchtbaren Zeit"**.

Die zweite Zyklusphase nach dem Eisprung gilt aus zwei Gründen als **„absolut unfruchtbare Zeit"**:

1.) Es gibt keine neue Eizelle mehr, weil durch die Blockade im Gehirn (Stillhalteabkommen) sichergestellt ist, dass keine weitere Eizelle mehr heranreift und zum Eisprung kommt.

2.) Zusätzlich verschließt das Progesteron den Muttermund, und es ist kein Zervixschleim mehr vorhanden. Die Spermien bleiben draußen.

Dieses Wissen um die fruchtbaren und unfruchtbaren Zeiten im Zyklus kann eine Frau oder ein Paar nutzen, um eine Schwangerschaft zu vermeiden oder bei Kinderwunsch den besten Zeitpunkt für eine Empfängnis herauszufinden. Eine eigentlich geniale Sache! Es stellt sich die Frage, warum diese Möglichkeit des „richtigen Timings" nicht öfter genutzt wird. Die Antwort ist einfach: Weil diese

(Spermie + Zervixschleim)   +   Eizelle   =   BABY

drei bis fünf Tage   +   *ein Tag*

vier bis SECHS Tage gemeinsame Fruchtbarkeit von Mann und Frau in einem Zyklus

Sache nicht nur genial ist, sondern auch ziemlich anspruchsvoll und zwar in vielerlei Hinsicht.

Zuerst die Körpersprache lernen – Wer seinen Körper kennt, kann ihm vertrauen

Den richtigen Zeitpunkt zu erkennen ist nicht einfach, weil erst der Code entschlüsselt und die Sprache des Körpers erlernt werden muss, bevor man sich wirklich auf das Timing verlassen kann.

Es gibt inzwischen immer mehr Frauen, die über ihren Zyklus Bescheid wissen und sich bestens mit ihm und ihrem Körper auskennen. Einige von ihnen sind ausgebildete „Körpersprachlehrerinnen" (NFP-Beraterinnen), die ihr Wissen und ihre Erfahrung an andere weitergeben. Man kann sich auch im Internet mit anderen Frauen austauschen (Links am Kapitelende). Vielleicht wird es in einigen Jahren alltäglich sein, die Körpersprache zu beherrschen und deshalb – neben vielen anderen nützlichen Dingen – zu wissen, wann „frau" fruchtbar ist.

Beim Erlernen der Körpersprache tun sich jene Mädchen und Frauen am leichtesten, die alles in Ruhe angehen können, weil ihr erstes Ziel nicht ist, eine Schwangerschaft zu vermeiden. Sie sind einfach nur neugierig und wollen mehr über sich selbst erfahren. Sie

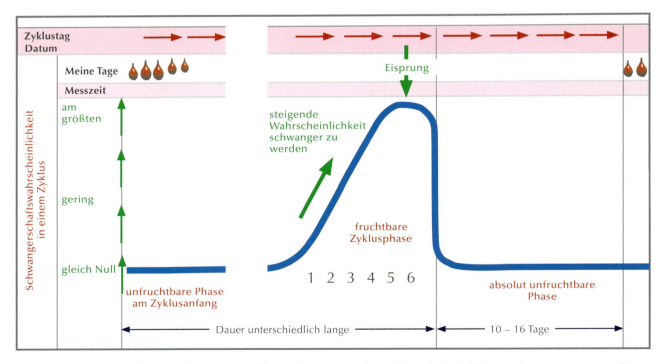

Nach einer unfruchtbaren Phase am Zyklusanfang steigt die Wahrscheinlichkeit, schwanger zu werden, einige Tage vor dem Eisprung zunächst langsam an. Je näher der Eisprung rückt, umso größer wird sie. Das ist die hoch fruchtbare Zeit. Spätestens einen Tag nach dem Eisprung kann man nicht mehr schwanger werden. Dann beginnt die absolut unfruchtbare Zeit.

möchten sich auskennen und nicht von anderen gesagt bekommen, was in ihrem eigenen Körper Sache ist.

Jede Methode hat ihre Regeln

Wer sich auf das richtige Timing verlassen will, um damit eine Schwangerschaft zu vermeiden, muss zunächst gewissenhaft bestimmte Methodenregeln erlernen, nach der die fruchtbare und unfruchtbare Zeit im Zyklus festgelegt wird.

Diese Methode hat einen Namen: sensiplan®. Häufig wird noch der etwas irreführende Begriff NFP oder „Natürliche Familienplanung" verwendet, aber damit schreckt man viele – gerade junge – Menschen ab, denen es überhaupt noch nicht darum geht, eine „Familie zu planen". Bei sensiplan® handelt es sich um eine wissenschaftlich fundierte Methode, die man anwenden kann, zum einen, um eine Schwangerschaft sicher zu vermeiden, aber auch bei Kinderwunsch, um damit die hochfruchtbare Zeit herauszufinden.

Sie gehört zur Gruppe der „symptothermalen Methoden", weil die fruchtbare Zeit mithilfe der beiden wichtigsten Körperzeichen Zervixschleim („sympto") und Körpertemperatur („thermal") bestimmt werden.

Beim Erlernen dieser Methode ist es wie beim Autofahren Lernen. Zunächst gibt es eine Lernphase, in der man Regeln erlernen und einüben muss. Einmal gelernt aber verfügt man anschließend über eine Fähigkeit, die man sein ganzes fruchtbares Leben lang anwenden kann! Zum Erlernen von sensiplan® gibt es gute Bücher (siehe Kapitelende), noch empfehlenswerter ist es, eine offizielle „Fahrschule" zu besuchen. Das ist ein „Einführungskurs", in dem speziell ausgebildete Beraterinnen über vier bis fünf Abende im Abstand von ein paar Wochen die Körpersprache lehren und die Regeln der symptothermalen Methode trainieren (Link am Kapitelende). Die Zyklusaufzeichnung dazu kann man übrigens heutzutage bequem auf dem Handy oder PC erledigen! Die Expertinnen sorgen dafür, dass „ihre Schülerinnen" nach etwa drei Monaten das richtige Timing sicher und selbständig beherrschen – und das für ihr ganzes fruchtbares Leben lang.

Am besten ist es natürlich, wenn der Partner dabei ist und gleich mitlernt.

> +++ **FAKT** +++
>
> *Bei Natürlicher Verhütung muss man sehr vorsichtig sein. Es gibt viele unsichere Methoden, natürlich zu verhüten. Ganz aktuell sprießen zahlreiche „Zyklus-Apps" oder „Menstruationskalender-Apps" für das Handy wie Pilze aus dem Boden. Dabei wird auch oft – in unverantwortlicher Weise - der Eisprung und die fruchtbaren Tage angezeigt. Darauf darf man sich auf keinen Fall verlassen!*
> *Nur wenn die Zervixschleimbeobachtung und die Temperaturmessung eingegeben werden, können einige wenige gute Apps die fruchtbare Zeit im aktuellen Zyklus bestimmen.*

„Sex ist mehr als immer nur das Eine"

Das richtige Timing zu finden ist anspruchsvoll, weil natürlich während der fruchtbaren

Phase kein ungeschützter Geschlechtsverkehr stattfinden darf (je nach Zykluslänge etwa 30 bis 50 % des Zyklus). Es gibt also Zeiten, in denen trotz heißer Liebe kühle Köpfe gefragt sind.
Wenn sich zwei Menschen auf das richtige Timing verlassen, dürfen sie kein Blackout riskieren. Auch wenn die Situation noch so „heiß" ist, müssen sie jedes Mal wieder neu eine gemeinsame (!) Entscheidung treffen: „Können wir heute oder nicht?".

> +++ **FAKT** +++
> Neueste wissenschaftliche Untersuchungen bestätigen: Wenn die sympto-thermale Methode richtig gelernt und richtig angewendet wird, ist ihre Sicherheit vergleichbar mit der der Pille.

Das bedeutet, miteinander zu reden, bewusst Verantwortung zu übernehmen für alles, das mit der „Gleichung des Lebens" zusammenhängt. Es geht um den eigenen Körper und um den des anderen, um Gesundheit und Fruchtbarkeit und um die gemeinsame Liebe.

Wenn zwei Menschen bei den Worten „Liebe und Sex" nichts anderes einfällt, als „immer nur das Eine", wenn dann Funkstille herrscht, wenn mal „nichts läuft", dann wäre das mit dem richtigen Timing für sie völlig ungeeignet. Geeignet dafür sind Menschen mit Fantasie und Kreativität, die wissen:

- dass nicht „nichts" läuft, wenn „nichts läuft",
- dass Liebe nicht nur „Sex" und „Sex" nicht nur „miteinander schlafen" heißt,
- dass Zärtlichkeit die schönste Sprache der Liebe ist und es unendlich viele Möglichkeiten gibt, einander (auch körperlich) „Ich liebe dich" zu sagen,
- dass Abwechslung vor Eintönigkeit bewahrt und die Liebe lebendig hält,
- und dass Highlights schließlich nur dann Highlights bleiben, wenn sie nicht alltäglich sind.

Wenn nicht jetzt, dann vielleicht später! Es gibt eine natürliche und sichere Alternative!

Vielleicht bist du in deiner momentanen Lebenssituation ganz und gar nicht begeistert von der Vorstellung, „deinen Körper in Ruhe näher kennenzulernen". Du hast bereits einen festen Freund und möchtest dich wie die meisten Mädchen in deinem Umfeld für die Pille als Verhütungsmethode entscheiden, weil sie dich nach einhelliger öffentlicher Meinung am besten vor einer unbeabsichtigten Schwangerschaft schützt. Mit den Informationen im vorausgehenden Kapitel wirst du die Vor- und Nachteile besser abwägen und eine verantwortliche Entscheidung treffen für deine aktuelle Lebenssituation.

Immer wieder berichten Frauen, dass sie bereits in jungen Jahren mit der Pille begonnen und sie, mehr oder weniger zufrieden, über viele Jahre hinweg genommen haben, weil sie keine zuverlässigen Informationen über sichere Alternativen fanden. Wenn sie auf die Möglichkeit der Selbstbeobachtung des eigenen Körpers bzw. die sensiplan®-Methode stoßen, bedauern sie es, nicht schon früher davon erfahren zu haben. Sie freuen sich aber darüber, nun dann doch eines Tages mit ihrem Körper, ihrem Zyklus und ihrer Fruchtbarkeit vertraut zu werden. Oft erleben sie sich seelisch völlig verändert und können es sehr genießen, Frau zu sein und in Harmonie mit ihrem Körper zu leben.

Beim Thema Fruchtbarkeit und Empfängnisregelung gilt eine einmal getroffene Wahl oder Entscheidung nicht für das ganze Leben. Je nach Lebensalter und Lebensumständen kann man sich immer wieder neu entscheiden. Auch wenn du dich jetzt für eine hormonelle Verhütung entscheiden möchtest, solltest du „im Hinterkopf behalten": Es gibt eine natürliche Alternative, mit der es möglich ist, eine Schwangerschaft sicher zu vermeiden – ohne dabei die Fruchtbarkeit und den Zyklus beeinträchtigen zu müssen.

Weitere Infos zur Natürlichen Familienplanung (NFP)

- Das **Buch** zur natürlichen Methode Sensiplan®: Natürlich und Sicher. Das Praxisbuch. TRIAS-Verlag, 2011
- **BeraterInnen-Netzwerk** der Arbeitsgruppe NFP: www.nfp-online.de
- **Internetadressen:**
  www.zykluswissen.de
  www.nfp-online.de
  www.nfp-forum.de
  www.mynfp.de
  www.perle-ev.de
  www.iner.org

Infos zum MFM-Programm® und zum Verein MFM Deutschland e.V.

www.mfm-programm.de

Wie Mädchen und Jungen ihren eigenen Körper erleben und bewerten, hat großen Einfluss auf ihr Selbstbild und ihr Selbstwertgefühl. Sich als Frau oder Mann zu bejahen und die körperlichen Veränderungen in der Pubertät in positiver Weise zu erleben, ist eine wichtige Entwicklungsaufgabe. Gerade die Art und Weise, wie junge Menschen auf die körperlichen Veränderungen vorbereitet werden, wirkt sich auf ihre spätere Einstellung zu Gesundheit, Sexualität und Fruchtbarkeit aus. Die Wertschätzung des eigenen Körpers ist die Grundprävention, auf der alles andere aufbaut!

Unter dem Leitgedanken: „Nur was ich schätze, kann ich schützen", wurde 1999 das MFM-Projekt® von Dr.med. Elisabeth Raith-Paula ins Leben gerufen. Zunächst als Mädchenprojekt unter dem Titel „MFM" = „**M**ädchen **F**rauen **M**eine Tage" gestartet, wurde es 2003 um das für Jungen konzipierte Zwillingsprojekt „MFM – Männer für Männer" erweitert.

Der 2012 gegründete, gemeinnützige Verein MFM Deutschland e.V. möchte mit folgenden Angeboten Mädchen, Jungen und Eltern unterstützen:
- Geschlechtsgetrennte Schulworkshops für Mädchen und Jungen der 4.Klasse Grundschule „KörperWunderWerkstatt" zur wertschätzenden und kindgerechten Hinführung in die Pubertät
- Geschlechtsgetrennte **Workshops für Mädchen („Die Zyklusshow") und Jungen („Agenten auf dem Weg")**, 10-12 Jahre, Hauptzielgruppe 5. und 6. Klasse
- Workshop für Jugendliche ab 14: „WaageMut"
- Zu jedem Programmangebot gibt es einen vorausgehenden Vortrag für Eltern und Lehrer/Erzieher.

In den Regionen Deutschlands werden die Angebote von regionalen Projektzentralen organisiert. Sie sind meist bei den (Erz-)Bistümern eingebunden.
Das MFM-Programm® wurde 2002 mit dem bayerischen Gesundheitsförderungs- und Präventionspreis ausgezeichnet und gilt seit 2003 als „Best-practice"-Projekt in der Europäischen Union. 2012 wurde es von einer wissenschaftlichen Expertenkommission als vorbildliches sexualpädagogisches Präventionsprojekt als Ergänzung zum Schulunterricht ausdrücklich empfohlen (www.zukunft-mit-kindern.eu/empfehlungen/empfehlungen-2).
2016 wurden mit 335 Referentinnen und Referenten in über 5000 Veranstaltungen über 70.000 TeilnehmerInnen erreicht.

Die Autorin und Gründerin des MFM-Projekts, Dr. Elisabeth Raith-Paula, wurde 2011 mit dem Bundesverdienstkreuz ausgezeichnet und 2012 zum Ashoka-Fellow nominiert (www.germany.ashoka.org/ashoka-fellows-ab2012).

Das MFM-Programm® ist inzwischen in vielen Ländern verbreitet (Österreich, Schweiz, Frankreich, England, Belgien, Niederlande, Ungarn, Lettland, Litauen, Rumänien, Südtirol, Elfenbeinküste, Mauritius, China).

Inhalt des **Mädchenworkshops „Die Zyklusshow – Dem Geheimcode meines Körpers auf der Spur"** sind Kapitel 2 – 6 dieses Buches. Die Mädchen erfahren zunächst, wie die Gleichung des Lebens (Spermie + Eizelle = neues Leben) Wirklichkeit wird, d.h. wie ein neuer Mensch entsteht. Dabei schlüpfen sie selbst etwa in die Rolle der Hormone, die als „Frühlingsboten" (FSH) vom Gehirn ausgesandt werden und im Eierstock Eizellen aus ihrem „Winterschlaf" erwecken, oder sie treten als „Östrogenfreundinnen" auf, die in der Gebärmutter Vorbereitungen treffen für den Fall, dass hier ein neues Leben heranwächst. Kommt es zu einer Befruchtung, endet die Zyklusshow mit dem „großen Finale", der Geburt eines Kindes – oder andernfalls mit einem „kleinen Finale", der Menstruationsblutung. In diesem Zusammenhang geht es ganz konkret auch um den eigenen Körper und die Veränderungen in der Pubertät, um die erste Blutung, Menstruationshygiene und ähnliche Themen.

Im **Jungenworkshop „Agenten auf dem Weg"** übernehmen die Jungen als Spezialagenten die Rolle der Spermien und machen sich in einem Stationspiel auf die Reise durch den männlichen Körper. Sie erleben, wie die Spermien im Hoden heranwachsen, im „Ausbildungscamp" Nebenhoden ausreifen, sich von dort auf die Reise machen, schließlich „in das Land des Lebens", den Körper der Frau gelangen, eine Siegerspermie eine Eizelle befruchtet und so ein neues Leben entsteht. Die Jungen werden mit dem Zyklusgeschehen der Frau bekannt gemacht und verstehen in diesem Zusammenhang auch die Bedeutung der Regelblutung. In einem weiteren Teil geht es um die körperlichen Veränderungen in der Pubertät. Ziel ist auch hier ein ganzheitlicher, wertschätzender Zugang zum eigenen Körper und zu dem des anderen Geschlechts. Der Jungen-Workshop wird ausschließlich von männlichen Referenten geleitet.

Wertschätzung als Grundprävention:
Bei der schulischen Sexualerziehung im Klassenverband steht die Vermittlung von biologischen Fakten im Vordergrund. Durch die Ansprache der emotionalen Ebene bieten die Workshops „Zyklusshow" und „Agenten auf dem Weg" eine ideale Ergänzung des Schulunterrichts. In geschlechtsgetrennten Workshops werden die Mädchen und Jungen auf eine Entdeckungsreise durch den weiblichen bzw. männlichen Körper geschickt. Dabei erleben sie die Vorgänge rund um Pubertät, Zyklusgeschehen, Fruchtbarkeit und die Entstehung neuen Lebens altersentsprechend, liebevoll und im geschützten Rahmen. Eine Fülle von anschaulichen, farbenfrohen Materialien und aktives Mitmachen ermöglichen das Lernen mit allen Sinnen. Mit einer wertschätzenden Sprache, insbesondere durch positive Bilder und Vergleiche aus der Lebenswelt der Kinder werden die Zusammenhänge nachvollziehbar und die biologischen Fachbegriffe positiv besetzt. Herz und Emotionen werden angesprochen und das Staunen über das Wunder des Lebens und des eigenen Körpers neu gelernt.

Körperkompetenz steigern
Durch die ganzheitliche Wissensvermittlung erlangen die Mädchen und Jungen bereits nach einem Workshoptag eine erstaunliche Körperkompetenz. Sie wissen nun wirklich Bescheid, können über das Thema in einer angemessenen Sprache reden, lassen sich nicht mehr so leicht verunsichern und entwickeln so ein gesundes Selbstvertrauen in ihren eigenen Körper.

Weitere Informationen, Buchbestellmöglichkeit und ein Verzeichnis der AnsprechpartnerInnen in den einzelnen Regionen finden Sie unter
www.mfm-projekt.de und
www.mfm-deutschland.de
oder über den Verein MFM Deutschland e.V.
Dr. med. Elisabeth Raith-Paula (Vorsitzende)
info@mfm-deutschland.de
Tel. 089/89026168
Homepage international: www.mfm-projekt.eu
Schweiz: www.mfm-projekt.ch
Österreich: www.oegs.info

Wichtige Begriffe auf einen Blick

Amenorrhö: Bezeichnung für eine Zyklusstörung, bei der die Monatsblutung länger als drei Monate ausbleibt

Androgene: Sammelbezeichnung für die männlichen Sexualhormone

Anorexia nervosa (Pubertätsmagersucht): extreme Ablehnung, Nahrung zu sich zu nehmen, führt zu bedrohlichem Abmagern, nach neueren Studien bei 10 % der Erkrankten sogar zum Tod. Kennzeichnend ist, dass die Monatsblutung ausbleibt.

Ausfluss (Fluor genitalis): Ausfließen von Sekret aus der Scheide. Dieser Begriff sollte nur für einen entzündungsbedingten, krankhaften Ausfluss verwendet werden, der mit Symptomen wie Brennen und Jucken verbunden ist. Der während des Zyklus auftretende Zervixschleim oder Weißfluss bei jungen Mädchen ist nicht krankhaft, sondern gehört zum gesunden Zyklusgeschehen.

Bulimie (Ess-Brech-Sucht): psychogene Essstörung, gekennzeichnet durch Essanfälle und anschließend selbst herbeigeführtes Erbrechen

Chromosomen: die Erbkörperchen, die während der Kern- und Zellteilungsvorgänge sichtbar sind. Auf ihnen sind die Gene als eigentliche Träger der Erbinformationen aufgereiht.

Coitus interruptus: sehr unsichere Verhütungsmethode. Auch unterbrochener Geschlechtsverkehr, Rückzieher oder „Aufpassen" genannt. Der Mann zieht seinen Penis vor dem Samenerguss aus der Scheide der Frau.

Corpus Luteum (Gelbkörper): Die im Eierstock nach dem Eisprung zurückbleibende Eibläschenhülle verwandelt sich in eine Drüse, die Progesteron produziert („Servicecenter", „Partyservice").

Corpus-Luteum-Schwäche: eingeschränkte Funktion des Gelbkörpers

Diaphragma (Pessar): mechanische Empfängnisverhütungsmethode. Eine aus weichem Gummi geformte, kuppelförmige Schale mit einem biegsamen Rand wird in die Scheide eingeführt.

Drüseneinheiten/Drüsen: Körperzellen, die Hormone oder andere Stoffe bilden und sie ins Blut oder in andere Körperkanäle abgeben

Eierstöcke (Ovarien): die beiden Geschlechtsdrüsen der Frau, die sich im kleinen Becken befinden. Von der Pubertät bis zu den Wechseljahren reifen hier die Eizellen heran und werden die weiblichen Sexualhormone Östrogen und Progesteron gebildet.

Eileiter (Tuben): zwei kleine, zehn bis 15 Zentimeter lange, wenige Millimeter dicke Muskelschläuche, die zu beiden Seiten im oberen Teil der Gebärmutter abgehen und in Richtung Eierstock verlaufen. Ihre fingerförmigen Fransen legen sich vor dem Eisprung über das Eibläschen und fangen die Eizelle auf. Im äußeren Drittel des Eileiters findet die Befruchtung statt. Durch die Muskelbewegung des Eileiters wird die befruchtete Eizelle in Richtung Gebärmutter transportiert.

Einnistung (Nidation, Implantation): Einnistung des Embryos in der vorbereiteten Gebärmutterschleimhaut etwa eine Woche nach der Befruchtung

Wichtige Begriffe auf einen Blick

Eisprung (Ovulation): das Platzen des Eibläschens im Eierstock. Die Eizelle wird dabei von den fingerförmigen Fortsätzen des Eileiters aufgenommen.

Eisprungsblutung (Ovulationsblutung): um die Zeit des Eisprungs herum auftretende, meist geringfügige Blutung (Zwischenblutung), die vermutlich mit der stark abfallenden Östrogenkonzentration im Blut zusammenhängt

Ejakulation (Samenerguss): Bezeichnung für das ruckweise Herausspritzen der Samenflüssigkeit aus dem Penis

Embryo: menschliche Keimzelle, d. h. das menschliche Leben in den ersten drei Monaten nach der Befruchtung

Fimbrien: die fingerförmigen Fortsätze des Eileiters, die sich über den Eierstock legen und das Ei beim Eisprung auffangen

Follikel: im Eierstock befindliche Schutzhülle rund um die Eizelle, auch Eibläschen genannt

Follikelphase (Eibläschenphase): die erste Zyklusphase, in der das Eibläschen mit der Eizelle im Eierstock heranreift

Follikelstimulierendes Hormon (FSH): Bezeichnung für das Hormon, das die Eireifung im Eierstock auslöst und die Östrogenbildung bewirkt. Es wird in der Hirnanhangsdrüse (Hypophyse) gebildet.

Gebärmutterhals (Zervix): etwa drei Zentimeter langer, unterer Abschnitt der Gebärmutter, von einem Kanal durchzogen, mit vielen seitlichen Einbuchtungen (Zervixdrüsen)

Gelbkörper: siehe Corpus Luteum

Geschlechtshormone (Sexualhormone): Sammelbegriff für die Hormone, die bei der Frau in den Eierstöcken (Östrogene und Progesteron) und beim Mann in den Hoden (Androgene) gebildet werden

Gestagen: Bezeichnung für das Gelbkörperhormon Progesteron und eine Reihe von künstlich hergestellten Hormonersatzstoffen, die nur teilweise ähnliche Eigenschaften haben wie das Gelbkörperhormon

Graafscher Follikel: das reife Eibläschen kurz vor seinem Sprung

Human Chorion Gonadotropin (HCG): menschliches Hormon aus dem Embryo, das nach dessen Einnistung ins Blut der Mutter gelangt und dort im Schwangerschaftstest nachgewiesen werden kann

Hirnanhangsdrüse (Hypophyse): Bezeichnung für die an der Unterseite des Gehirns liegende Drüse, die als oberste Hormondrüse die Funktion der übrigen Hormondrüsen im Körper reguliert

Hoden (Testes): bei der Frau die Eierstöcke, beim Mann die Hoden. Es sind die männlichen Keimdrüsen, die die Spermien und das männliche Geschlechtshormon Testosteron herstellen.

Hormone: Bezeichnung für körpereigene Wirkstoffe, auch Botenstoffe oder Informationsüberträger genannt. Sie werden mit dem Blut transportiert und wirken auf bestimmte Organe.

Hormonentzugsblutung: Blutung der Gebärmutterschleimhaut, die dadurch zustande kommt, dass nicht mehr genügend künstliche Hormonersatzstoffe (Östrogen und/oder Gestagen) vorhanden sind, um die Gebärmutterschleimhaut aufrecht zuerhalten

Hymen: siehe Jungfernhäutchen

Hypophyse: siehe Hirnanhangsdrüse

Hypothalamus (Zwischenhirn): Steuerzentrale für viele Körperfunktionen

Jungfernhäutchen (Hymen): am Scheideneingang befindliche, ringförmige Schleimhautfalte mit ein oder mehreren Öffnungen

Konzeption (Empfängnis): Befruchtung der Eizelle durch eine Spermienzelle

Lutealinsuffizienz (Corpus-Luteum-Insuffizienz, Gelbkörperschwäche): eingeschränkte Funktion des Gelbkörpers

Lutealphase (Gelbkörperphase): zweite Zyklusphase, Zeit nach dem Eisprung, in der das Gelbkörperhormon Progesteron den Körper der Frau auf eine mögliche Schwangerschaft vorbereitet

Luteinisierendes Hormon (Gelbkörperhormon, LH): das Hormon aus der Hirnanhangsdrüse (Hypophyse), das den Eisprung auslöst und anschließend die Bildung des Gelbkörpers sowie die Hormonproduktion steuert

Magersucht: siehe Anorexia nervosa

Menarche: erste Menstruation eines Mädchens

Menstruation (Monatsblutung, Menses, Periode, Regel, Regelblutung, Tage): bei der Frau im fruchtbaren Alter in Abständen wiederkehrende Blutung aus der Scheide, die durch das Abbluten der obersten Schicht der Gebärmutterschleimhaut zustande kommt

Menstruationskalender: Aufzeichnung der Monatsblutung in einem Jahreskalender zur Erinnerung und zum Überblick

Mikropille: Medikament zur hormonellen Empfängnisverhütung („Pille") mit vergleichsweise geringen Mengen des Hormons Östrogen

Minipille: Medikament zur hormonellen Empfängnisverhütung, das nur ein Gestagen enthält und den Zervixschleim verfestigt, meist so dosiert, dass es zentral wirkt und zur Einstellung des natürlichen Zyklusgeschehens führt

Mittelschmerz: um die Zeit des Eisprungs herum auftretender Unterleibsschmerz, der mit der hohen Östrogenkonzentration in dieser Zyklusphase zusammenhängt und verschiedene Ursachen haben kann

Monophasischer Zyklus: Zyklus, in dem keine durch das Progesteron verursachte Temperaturerhöhung in der zweiten Zyklusphase stattfindet. Die Körpertemperatur steigt nicht an. Meist hat in einem solchen Zyklus kein Eisprung stattgefunden.

Muttermund (Portio): Öffnung der Gebärmutter in die Scheide

Natürliche Familienplanung (NFP) oder Natürliche Empfängnisregelung (NER): Methode der Empfängnisregelung, bei der keine besonderen Mittel angewandt werden, sondern die fruchtbare Zeit durch Beobachtung von Körperzeichen bestimmt wird. Zur sicheren Anwendung werden bestimmte Methodenregeln erlernt und eingehalten. Die sicherste Methode ist sensiplan®, eine symptothermale Methode, bei der die Körperzeichen Zervixschleim und Temperatur beobachtet und ausgewertet werden.

Nebenhoden: Die beiden Nebenhoden liegen den Hoden auf und dienen der Speicherung und letzten Ausreifung der Spermienzellen.

Nidation: siehe Einnistung

Nidationshemmung: Die Einnistung des bereits beginnenden menschlichen Lebens (Embryo) in der Gebärmutterschleimhaut etwa eine Woche nach der Befruchtung wird durch eine bestimmte Verhütungsmethode verhindert.

Östrogene: Gruppe von weiblichen Sexualhormonen, die vor allem in den Eibläschen im Eierstock gebildet werden und zahlreiche Auswirkungen im Körper der Frau haben. In der Pubertät sind sie mitverantwortlich für die Entwicklung der weiblichen Körpermerkmale.

Ovar (Ovarien): siehe Eierstöcke

Ovulation: siehe Eisprung

Prämenstruelles Syndrom (PMS): körperliche und psychische Veränderungen von unterschiedlicher Stärke, die in der zweiten Zyklusphase einige Tage vor Beginn der nächsten Regelblutung auftreten und mit ihrem Beginn wieder verschwinden. Die Ursache ist weitgehend ungeklärt.

Progesteron: weibliches Sexualhormon, das in der zweiten Zyklusphase nach dem Eisprung im Gelbkörper gebildet wird und den Körper der Frau auf eine Schwangerschaft vorbereitet. Wenn eine Schwangerschaft eingetreten ist, hält das Progesteron die Schwangerschaft aufrecht.

Proliferationsphase: erste Zyklusphase, bei der – angeregt von den Östrogenen – die oberste Schicht der Gebärmutterschleimhaut neu aufgebaut wird

Prostata (Vorsteherdrüse): größte Drüse der männlichen Geschlechtsorgane. Sie liegt unterhalb der Blase und verschließt sie während des Samenergusses, damit kein Urin austreten kann. Gleichzeitig gibt sie beim Samenerguss ein milchig-trübes Sekret in die Harnsamenröhre ab. Dieses Sekret bildet den größten Teil der Samenflüssigkeit und verhilft den Samenzellen zur Beweglichkeit.

Pubertät: Entwicklungsphase zwischen Kindheit und Erwachsenenalter, geht mit körperlichen und geistig-seelischen Veränderungen einher

Samenbläschen: Die beiden „Bläschendrüsen" münden in den Samenleiter und bilden ein fructosehaltiges und damit nährstoffreiches Sekret für die Spermien.

Samenerguss: siehe Ejakulation

Schmierblutung: geringfügige Blutung aus der Scheide, bei der es lediglich zu einer rötlich-bräunlichen Verfärbung der Unterwäsche kommt. Manche Frauen haben eine Schmierblutung kurz vor Beginn ihrer eigentlichen Menstruationsblutung, während der Anwendung der Spirale oder der Pille können sie häufiger auftreten.

Schwangerschaftstest: Blut- oder Urinuntersuchung, mit der bereits zehn bis 16 Tage nach der Befruchtung eine Schwangerschaft nachgewiesen werden kann. Es weist im Blut bzw. Urin der

Wichtige Begriffe auf einen Blick

Mutter das Hormon aus dem Embryo (Human Chorion Gonadotropin, HCG) nach.

Sekretionsphase: Bezeichnung für die zweite Zyklusphase, in der das Gelbkörperhormon Progesteron die Gebärmutterschleimhaut mit Nährstoffen und Drüsen ausstattet und auf eine mögliche Einnistung eines Embryos vorbereitet

Spermie (Spermien): männliche Keimzelle, Samenzelle, Spermium

Symptothermale Methode: Möglichkeit der natürlichen Empfängnisregelung, bei der die Frau mithilfe der Körperzeichen Zervixschleim („sympto") und Temperatur („thermal") die fruchtbare und unfruchtbare Zeit im Zyklus bestimmt. Die sicherste und wissenschaftlich am besten erforschte Variante ist die Methode sensiplan®.

Temperaturregulationszentrum: Steuerzentrum für die Körpertemperatur, im Hypothalamus (Zwischenhirn) gelegen; nach dem Eisprung steigt die Körpertemperatur der Frau durch das Progesteron aus dem Gelbkörper um 0,2 °C bis 0,5 °C an.

Testosteron: Hauptvertreter der männlichen Geschlechtshormone (Androgene), wird im Hoden gebildet.

Tuben: siehe Eileiter

Uterus (Gebärmutter): birnenförmiges, dickwandiges, hohles Organ, in dem das Kind heranwächst

Vagina (Scheide): sieben bis elf Zentimeter langer, elastischer, muskulöser Schlauch, der einen Zugang von außen zur Gebärmutter schafft

Venuslippen (Schamlippen): Bezeichnung für zwei paarig angelegte Hautfalten am Eingang zur Scheide (innere und äußere Venuslippen)

Vorsteherdrüse: siehe Prostata

X-Chromosom: Erbkörperchen, das für die weibliche Geschlechtsbestimmung verantwortlich ist

Y-Chromosom: Erbkörperchen, das für die männliche Geschlechtsbestimmung verantwortlich ist

Zervix (Gebärmutterhals): etwa drei Zentimeter langer, unterer Abschnitt der Gebärmutter, von einem Kanal durchzogen, mit vielen seitlichen Einbuchtungen (Zervixdrüsen)

Zervixdrüsen: rund hundert drüsenförmige Einheiten im Gebärmutterhals, in denen der Zervixschleim gebildet wird

Zervixkrypten: Buchten und Vertiefungen, die vom Gebärmutterhalskanal abgehen, darin liegen die Zervixdrüsen, die den Zervixschleim bilden.

Zervixschleim: Sekret aus dem Gebärmutterhalskanal, dessen Bildung von den Östrogenen in der ersten Zyklusphase angeregt wird, bildet für die Spermien Nahrung, Transportsystem und Überlebensgrundlage.

Zwischenblutung: Blutung aus der Scheide, die nichts mit der normalen Menstruationsblutung zu tun hat, d. h., „außer der Reihe" erfolgt und unterschiedliche, z. T. auch krankhafte Ursachen haben kann

Zyklus: Bezeichnung für die Zeit vom ersten Tag der Monatsblutung bis zum letzten Tag vor der nächsten Blutung

Was ist los ... Von A bis Z
STICHWORTVERZEICHNIS

A
28-Tage-Zyklus   91–96, 119
Amenorrhö   106 ff., 122
Androgen   13, 120

B
Befruchtung   26 ff.
Binden   68 ff., 73
Blutung   19 f., 34 f., 49, 52–67
Blutungsstärke   53, 62, 68 f., 118
Botenstoffe   18, 29, 34, 64
Brustdrüsen   40, 87
Brustsymptom   87 f.

C
Chromosomen   14, 26
Coitus interruptus   110
Corpus-Luteum-Phase   40, 104

D
Diaphragma   110
Drei-Monats-Spritze   123

E
Eibläschen   15, 18, 34–38, 47, 85
Eierstöcke   15, 17 ff., 35 ff., 111
Eierstockentzündung   86
Eileiter   17 ff., 25, 28, 31, 37, 85, 127
Eileiterschwangerschaft   127
Eireifungsphase   38, 94 f., 102
Eisprung   15 f., 36 f., 52, 75 f., 80 ff., 94–99, 103 f., 116 f., 131 f.
Eisprungsblutung   86 f., 99
Eizelle   15 f., 19, 25 f., 28 f., 31 f., 34 f.
Enzyme   14

F
Fruchtbarkeit   9 ff., 14 f., 31 f., 91–99, 119, 131–135
FSH (Follikelstimulierendes Hormon)   34, 47, 107, 116

G
Gebärmutter   18 ff., 22, 24 f., 29, 35 f., 38 f., 50 f., 112 ff., 121–127
Gelbkörper   38, 40 ff., 52, 87
Gelbkörperphase   40, 104 ff.
Gestagene   112, 116, 121–125, 128 f.

H
Haardreieck   47
Hoden   12 ff.
Hormonentzugsblutung   114, 120
Hormonspirale   122 f., 125
Hormonstäbchen   122 ff.
Hypothalamus (Zwischenhirn)   33, 41, 46, 111, 122, 124
Hypophyse (Hirnanhangsdrüse)   33, 37, 41, 46, 111, 117, 122, 124

J
Jungfernhäutchen (Hymen)   20, 69, 83

K
Klitoris   82
Kondom   109 f.
Kupferspirale (Intra-Uterin-Pessar, IUP)   125 ff.

L
LH (Luteinisierendes Hormon)   36 f., 103, 117, 129
Lutealphase   40

M
Menarche   52–57
Menstruation *siehe* Blutung
Menstruationsblutung *siehe* Blutung
Menstruationsschwämmchen   69 f.

Minipille 121 ff., 125
Mittelschmerz 85 f.
Muttermund 18, 20, 36, 39, 82 ff.

N
Negativer Rückkopplungsmechanismus (Stillhalteabkommen) 41, 80, 111, 116, 123 f., 128, 131
NER-Methode (Natürliche Empfängnisregel) 133
NFP-Methode (Natürliche Familienplanung) 132 ff.
Nidation 29, 127, 129

O
Östrogen 18, 34–39, 47–52, 65, 74 ff., 84 ff., 103 f., 107 f., 111 ff., 116 ff., 121–125
Ovulation *siehe* Eisprung

P
Periodenblutung *siehe* Blutung
Pille danach 128 ff.
Pillenhormone 111 ff., 116 f.
Prämenstruelles Syndrom (PMS) 90
Progesteron 18, 38 ff., 43, 65, 78–82, 87 f., 104 ff., 111 ff., 117, 120–124, 128
Progesteronwärme 78–82

S
Samenerguss 13 f., 20 f., 83
Samenspeicher 13
Scheide (Vagina) 17 f., 20 ff., 68, 83
Schmierblutungen 89, 121, 125
Sekretionsphase 40
Slipeinlagen 70
Spermienzellen 12 ff., 19–26, 31, 110, 113
Symptothermale Methode 133

T
Tampons 20, 68 ff., 73
Temperaturtyp 79
Testosteron 13, 120

V
Verhütungsmethoden 109–130

W
Weißfluss 48, 50 f., 73

Z
Zervix 20, 24, 36
Zervixdrüse 18, 24 f., 50, 73 ff., 104, 113, 123 f.
Zervixschleim 23 f., 31 f., 36 f., 50 f., 73–77, 95, 99, 104
Zwischenblutung 86 f., 89, 113, 115, 121 f., 124 f.
Zyklus 17, 71, 91 ff., 98, 100–108
Zyklus ohne Eisprung 103
Zyklus, anovulatorischer 103
Zyklus, monophasischer 103, 119
Zyklustagebuch 70–74, 77, 80 f., 90